# 靈魂覺醒
# 與生命體驗

龍大／著

# 推薦序

2015年4月某天,在一次與龍大偶然的談話裡聊到身心靈議題,我發現龍大對此有濃厚興趣,他拋出許多靈性生活與實務結合的觀念實作問題。這可是考倒我了,於是我詢問他是否閱讀過《與神對話》及《老神再在》?龍大表示沒有,但是他知道書籍裡蘊含著解開內心長久疑惑的智慧後,很開心地邁出自我靈性學習的第一步。

接下來的幾年裡,龍大發揮學以致用的精神,將靈性行動落實在日常生活裡,且記錄下他的點滴感受,也就是讀者所看到本書內文的初稿素材。我是由與龍大的後續交流裡,一路看著他用樸實無華的文字,建構出他個人在覺醒上的旅程。

閱讀本書讓我感覺到他的真誠分享心,書裡文字沒有居高臨下的壓迫感,隨處都有引導我停下來思索並問問內心感受的好文段落。值得一提的是,龍大運用他擅長的文字梳理能力,將許多難以入手的觀念名詞,轉換成你我都熟悉的日常例子,使本書相當具有閱讀可看性。在此我誠心向讀者推薦本書,相信它能讓你開心地邁出自我靈性學習的關鍵一步。

龍大友人

# 目錄

# 如何使用本書

本人接觸靈性方面的資訊以來，時間並不長（不到5年），最有興趣的是《祕密——吸引力法則》、《萊斯特釋放法》、《老神再在》系列（台灣人的與神對話）等。

對於《祕密——吸引力法則》，由於我有興趣的點在於「使用內在的力量，可以獲得所有自己想要的」，但我想要的是像「自由」、「喜悅」、「豐盛」等抽象的東西，而不是物質，因此沒有去嘗試吸引金錢、車輛、異性朋友等。我只是了解這個真理，並在生活體驗中持續觀察，持續得到驗證，我所期望的抽象的東西確實有慢慢的進到我的生活。

對於《萊斯特釋放法》，由於參加了一次許耀仁老師舉辦的集體釋放活動，借助眾人集體打坐釋放的加成效果，已清除了體內約80％～90％的負面能量，因此也並未仔細去研究「釋放法的步驟」。

對於《老神再在》系列（我依序看了一、二、三集），對話錄中的「神」所講述的真理，雖與各宗教所講述的內容有本質上的差異，但卻與我心中所認同的真理有很強的 一致性（真正打動我的心），因此很快就認知到「神」所講的確實是真理。

經過一路走來，我對於真理的體驗是：

1. 我們本來就知道，而不是學會的

2. 它非常簡單，甚至不需要技巧

3. 它就是屬於我們的，它是無價的

（也許因為我想要的是「自由」、「喜悅」、「豐盛」，所以我發現到的真理的三個面向是如此，你也許會發現到其他

不同的面向）

　　你是否也在尋找著答案？關於自我？關於人生的目標？

　　你是否接觸過心靈／靈性相關的領域？你是否覺得「內在」是一種很抽象的概念？

　　你是否感受不到打坐、冥想的效果？感受不到人體「內在」的力量？

　　你是否無法很自然的表達真實的自我？

　　所有這些，都是本書試圖回答的問題。

　　如果感受不到自己「內在」的力量，在閱讀靈性文章時，就只能用抽象的理解去看待「內在」，這將成為學習靈性的一大障礙。

　　因此，本書主要是做為一個零基礎的引導，引導你認識並了解如何使用「內在」力量。

　　靈性領域是要拜自己（自性／高我）為老師的，一旦理解「內在」力量，也就找到了自性／高我，之後就能不斷的靠自己（內在力量），一路走向開悟、回家、揚升。


## 本書使用方式

　　本書將分為〈認識生命〉、〈生命體驗〉、〈體驗心得分享〉三部分，不需要逐章閱讀，可以跳著讀，也可以邊讀邊自行體驗。

　　〈認識生命〉將以一種新的方式引導你認識人類的內在力量；〈生命體驗〉將引導你以實驗（實際體驗）的方式去發掘自己隱藏的內在力量；〈體驗心得分享〉將分享我個人生命體驗的實際體驗心得，供你參考對照。

★補充說明

本書是由以下部落格的內容整理而成：

https://binarystardragon.blogspot.com/

本書連結可在以下網址查詢：

https://binarystardragon.blogspot.com/2019/02/blog-post_10.html

本書連結短網址：https://bit.ly/2HsGx8a

## 本書寫作方式

本書的內容主要是先有靈感（感受、能量），經過我的解讀而成為文章的「標題」。接著再以我自己的方式（例如以圖像或是日常生活的比喻方式），去將這些靈感描述出來，並盡可能減少使用「未經解釋」的詞語，希望能將最原本的靈感傳達給讀者。

## 語言成為了溝通的橋樑？還是成為了溝通的障礙？

由於本書是要做為一個關於「內在」力量的零基礎引導，因此我會假設像「內在」這樣的詞語，對讀者來說是抽象的（因為內在、心，與心臟並無直接關連）。如果覺得抽象，在實際運用上就不易掌握，例如就會覺得講到「內在」好像就是要去做善事、什麼事要往好的方面去想（而不是像騎車技術那樣，可以真的拿來用、拿來玩的）。

因此，像這樣的詞語，在本書中，就會有一個更易懂的解釋（而那個解釋需要盡可能的精確）。

**什麼是靈魂覺醒？**

你是否曾經有過「發現自己在做夢」的經驗？其實「靈魂覺醒」並不深奧，它就是「從睡夢中醒來」的意思。一個已經醒來或是將要醒來的人，會無法很融入或適應這個世界、這個社會，會覺得很多事都「很奇怪」。（另外也可參考《駭客任務1》對母體Matrix的說明）

（《新楓之谷：次元圖書館5——影子鍊金術師》劇情中，神之子說：「等等，你說『很奇怪』……你知道那個嗎？這裡的人是絕不會說這種話的，絕對。」）

如果這剛好符合你的特徵，那麼恭喜你，你是一個靈魂覺醒的人。

希望透過本書與你交流，並在你的生命旅途中增加光彩，讓我們一同體驗生命吧。

# 第一部
# 認識生命

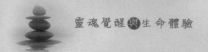

# 1. 前言

如果世界上有一樣學問，只要你學會它，你就會了所有東西，那門學問會是什麼？

本文是一個嘗試，一篇嘗試將「生命議題」以易懂、科學的方式描述的文章，「生命議題」與以下問題都有相關：

- 我們是誰？是什麼樣的存在？

- 人有靈魂嗎？死亡可怕嗎？死後還存在嗎？死後會去哪裡？

- 是否真的有神？神是什麼樣的存在？我們跟神的關係是什麼？

**話說從頭：化約論 vs. 整體論**

當我們想學習一樣東西時，我們所熟悉的方式就是把它拆解，如下圖：

| A | | B |
|---|---|---|
| A1 | A2 | |

$Q=$

化約論
$Q=A+B$
$\quad=(A1+A2)+B$

整體論
$Q=A=B$
$\quad=A1+A2$
$\quad=A1=A2$

　　我們所不知道的叫做Q，我們把它拆解成A和B，如果A和B我們都了解了，那我們就了解Q了，這就是化約論，認為任何我們想學、想討論的主題都可以被分解成更小的單元來解決。它的好處是每次只需要學小單元，小單元會了以後再學大單元。缺點則是一個主題可能被切割成非常多的小單元，要學很久才能學完全部。

　　那整體論呢？顧名思義就是與化約論相反，不能分割對吧？大致上沒錯，但有一點點不同。它可以分割，但是分割之後的主題不論大小還是難度、複雜度等任何的衡量標準都跟分割前（也就是Q）完全相等，因此看成不可分割也沒錯。

　　那整體論的優缺點呢？它的優點（也是它的缺點）是一個「全有」或「全無」的概念，很自然的，我們沒辦法把問題簡單化，因此只能原原本本的去學習那最完整的Q，這在很多主題上容易被認為是不可能辦到的。

　　這邊再追加一個概念，在整體論的情況，甚至無法透過學習來「學會」一樣東西，要嘛不可能學會，要嘛那樣東西你原本就會。

　　我們在化約論主導的世界中，想學一個科目，想看完一本書，勢必要從第一頁、第一章開始，一頁一頁讀、一章一章學。

　　然而，當我們讀完時，問問自己，「我了解它的來龍去脈了嗎」、「我能掌握書本的內容了嗎」、「我能舉一反三嗎」，大多數人其實不容易做到。

　　（你發現了嗎？上述三個問題都是整體性的理解才能做到的，所以「理解」本身，也許其實是「整體」的範圍）

這世界有那麼多的主題，被分成那麼多的領域，真的能學的完嗎？

　　<u>不如試試整體論吧，你將有完全不同的體會！</u>

　　整體論帶來的可能性：

- 學習一個主題，速度有可能比化約論更快

- 不需要讀完所有領域的書，只需搞懂「整體」是什麼，即可類推到所有領域

- 能夠處理我們現在（使用化約論）無法處理、碰觸的難解問題

　　回到主題，為什麼化約論、整體論又會跟「生命」有關呢？讓我們想想，在一個世界中，什麼是個體？什麼是整體？

　　整體如何分裂為個體？個體又如何組合成整體呢？我想，它們的關聯性就出現了，是吧？

　　對於「生命到底是什麼」的問題，我們將在後續文章以化約論、整體論來探討。

# 2. 什麼是自我

### 不可思議的生命

本篇開始正式進入主題，「什麼是生命」、「什麼是自我」？

今天，如果一個學習化約論的人被問到「什麼是生命」，他可以用生物學的知識來回答你，例如：

- 生命是由細胞組成的
- 生命是有機物組成的，而有機物是含碳元素的化合物
- 生命包含動物、植物、微生物等多種分類

甚至，你可以問「生命是怎麼來的」？「為什麼會有生命」？（這個問題整體論無法回答，為什麼？）

標準的回答（課本上的）是達爾文的物競天擇學說，認為生命是演化而來的。

但是如果今天問題是「什麼是自我」的時候，問題的難度就會大大提高，為什麼呢？

- 自我（self）是一種感覺，一種意識（整體）
- 我感覺到的「自我」，是否和你感覺到的「自我」一樣呢？

因此，我們在這邊採用一個特殊的方法來了解「什麼是自我」，這個方法和笛卡兒的「我思，故我在」（I am thinking, therefore I am/exist）很接近。

這個方法是，不斷的詢問「我是什麼？」，步驟如下：

首先，觀察自己的手，並詢問「我是手嗎？」

我想這個舉動看起來一定很傻，並且會得到一個結論：「手是我的一部分，但我不是只有手」。

　　同樣的，我們可以對身體其他部位去做一樣的事：手、腳、肚子、眼睛、鼻子、嘴巴……，並得到結論：「那些（硬體）都不是我」。

　　但這裡比較關鍵的是頭、頭腦（軟體）的部分，笛卡兒的「我思，故我在」這一句哲學的話語表達的是一種對生命本質的探討。而思考（thinking）主要是左腦在進行的，所以我們可以把它轉換成本方法的問句：「我是左腦嗎？」

　　如此一來，答案就呼之欲出了：「左腦是我的一部分，但顯然我還有右腦，所以左腦也不是我。」

　　（這句話以笛卡兒的「我思，故我在」來說明：「我思，故我在」是對的，是成立的，但是反過來呢？「我在，故我思」卻不成立，也就是說「我存在，但我不一定要用左腦，我可以用右腦。」）

　　上面的推理方式其實是以化約論為基礎的，對「自我」進行解析，來判斷哪一個是真正的「我」。


### 開始破窗

　　我們還未得到答案，上面所有東西都不是！

　　但是真正最關鍵的是腦（左腦+右腦）是不是「我」？這才是開啟真相的關鍵。

　　關於這個問題，生物／醫學領域的標準解法就是：把腦拿來切切看！如果把腦破壞了，生物還會動，那就代表「控制中心」不在腦。

　　而我們都知道，顯然沒有腦的存在，身體就無法再活動，這具身體也就不會再有生命跡象，所以似乎得到結論了，生命的控制中心在腦？

　　但是這一招仍然沒有解決「我是腦嗎？」這個問題！

　　如上所述，「自我」是一種感覺，一種意識，身體不會動了，是否意識就不存在了呢？

　　這個問題一直到今天，在科學上都無法獲得解答。（也就是說，這是化約論的極限了）

　　當大家都相信「人總有一天會死」的時候，很自然的，身體不會動了，也就是「死」了，甚至不需要任何解釋或證明。

　　同時，像「什麼是自我」這種「只能自己做實驗並提供實驗結果，他人無法替自己證實」，並且與「死亡」相關的問題，除非有當事人願意並主動提供，才能得到研究資料，因此也使它變成很難研究的問題。

　　但是很不巧的，就是有許多這樣的資料存在！這就是所謂的瀕死體驗（經歷死亡過程，但是又醒過來的人）：

　　網路文章：「普遍幻覺」？瀕死體驗10個驚人的共同特徵

　　這邊簡單摘錄瀕死體驗的幾項共通點：

1. 靈魂出竅

2. 穿越黑暗的隧道或空間

3. 看到光明

4. 邂逅已故親友

5. 見到高級生命

6. 回顧一生

7. 擁有安寧、鎮靜的感覺，毫無痛苦

8. 知道要回到人間

9. 回到身體中

10. 有「徹悟」感

我們再回到上面的步驟，剛才進行到的問句是：「我是腦嗎？」

到這裡可以發現，「瀕死體驗」對於了解「什麼是自我」這個問題，具有決定性的價值！

因為如果上述的共通點，是「死亡」普遍發生的現象，例如第1項「靈魂出竅」，它代表我們「死亡」時可以看到自己的全身！

如果我們按照這個線索走下去，就會開始懷疑：「我真的是腦嗎？」「也許我是某種更大的東西？」「也許我不只是這具身體？」

以目前來說，只要你有這樣的懷疑，討論就能進行下去。

# 3. 集體意識

在上一回我們以化約論來描述「自我」，並提供一個機會讓我們產生懷疑：<u>我們不只是身體而已。</u>

而在這一篇，我們將會以整體論來描述「自我」，並將它擴展到「生命」，你將會發現：<u>原來描述生命可以如此簡單！</u>

首先，我們回顧一下，在〈1-1. 前言〉我們主要介紹的工具是「化約論」與「整體論」、在〈1-2. 什麼是自我〉我們介紹了笛卡兒的「我思，故我在」以及「演譯法」。（演譯法：使用邏輯推理來得出一些推論的方法，巧的是，提出演譯法的人正是法國人笛卡兒）

顯然，本篇也需要介紹一項工具，是吧？<u>本篇所需的是一項整體論的工具，叫做碎形</u>（Fractal，中國翻成分形）。

先看一個碎形（分形）的例子（Sierpinski Triangle）：

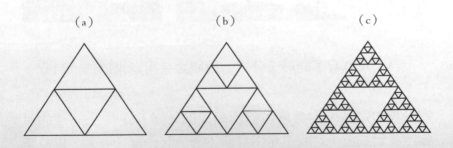

(a)　　　　　　　(b)　　　　　　　(c)

碎形（分形）根據一個基本圖形來繪圖，繪圖的規則是：<u>畫出的圖形任一部分都要包含這個基本圖形。</u>

像圖（a）是一個簡單的基本圖形：一個三角形裡面包含一個倒三角形。

然後我們發現，那個倒三角形把原本的三角形又分成3個向上的小三角形！

　　所以那3個向上的小三角形就要再用同樣的規則，去填入倒三角形，如圖（b）。

　　而圖（b）是不是又產生了很多的向上三角形？那些三角形也需要用同樣的規則再填入，就形成了如圖（c）的結果！（Youtube搜尋Sierpinski Triangle有動畫）

　　從圖（c）可以看出，每一個向上的小三角形，都和整個的圖像一樣，因此碎形是一種「整體中包含著個體，然後個體又包含著整體」的一種圖形，是不是與整體論的特性很一致呢？

　　碎形可以畫出許多美麗的圖案：

  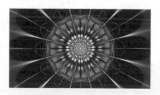

　　現在我們有了碎形（分形）的觀念，可以來描述「自我」了！

　　我們知道，生命是由細胞組成的。並且，從上一回的討論，我們知道「自我」是由身體（身）、頭腦（心）、以及一個可能更大的存在（靈）所組成的。

　　所以，以整體論的觀點來看，「生命」和「自我」的共同點是：它們是一個群體！

　　細胞在我之內，而身、心、靈也在我之內。那麼，這個「我」，是一個群體！

　　而作為一個群體代表的「自我」，是一個集體意識！

　　集體意識就相當於民主制度中的投票，代表著大多數的民意，而「自我」就是被選舉出來的「人民代表」。

　　照這樣的邏輯來看，「自我」所做的任何決定都是被整個群體支持的，也就是說，「我」身體的所有細胞都支持「我」。

　　那又為何會有疾病呢？這就像一個國家社會也會有亂象需要解決一樣，可以類推。

　　接著，我們用碎形（分形）的觀念，把「自我是一個集體意識」當成基本圖形，並把它擴展到更大的世界，以及縮小到更小的世界。

　　那麼就會得到「地球也有集體意識」、「宇宙也有集體意識」、「我們身上的神經元也有集體意識」之類的結論，以及「石頭也有集體意識」「沙子也有集體意識」等。

　　同時，根據碎形的特性，集體意識會有互相包含的現象，也就是說，宇宙意識包含地球意識，地球意識包含人類意識，而人類意識又可能包含一整個宇宙，這些推論對不對呢？

　　從這樣的簡單推演可以看出，整體論很容易可以擴展到「無限」的領域。

　　但是如果要證明就難了，要證明需要有證據、需要有共通的邏輯才能辦到。

　　所以我們發現一個特性，如果使用整體論的話，「有很多結論（或發現）是沒辦法在科學上證明的」，至少以現有方法來說是這樣。

　　那麼我們要如何去確認這樣一個系統是否是對的？

當證據不足的時候，其實也提供了每個人「是否相信」的自由度。

也就是說，你可以自由選擇相信、部分相信或不相信。

而這個選擇，也在影響著你所觀測到的世界（有些朋友也許認出，這個描述與「量子力學」有關，關於如何理解這點，在下一回才會討論到）。

因此，我們在文章中只提供「線索」，而不提供「證明」，如何詮釋它們就讓你自由發揮了！

線索1：如何理解人類以外的意識？動物、植物、礦物、地球（星球）有意識嗎？

網路影片：超感人《貓咪的憤怒》不要再丟下我啊！

有天貓咪開始很生氣每天呼天搶地大叫，變得很暴躁，想摸貓咪的人，都會被咬一大口！之後主人請來一位寵物通靈師Heidi（海特），醫好貓咪。

（過程中發生的事是：海特讀取貓咪——古拉的意識，不但教主人用眨眼的方式發送愛給貓咪，使他冷靜並放鬆下來，更說出古拉幼時被母貓丟棄，而領養的主人因為念書而不再回家陪伴他，悲傷轉為憤怒的感受。最後海特教主人把真愛發送給貓咪，化解了多年的恐懼，古拉也消除了憤怒，變回可愛的貓咪）

網路文章：植物也有思維！一份被隱瞞多年的科學實驗報告大揭祕！

美國中情局測謊專家巴克斯特（Cleve Backster），在1966年在實驗室發現植物可以感應人的意念（巴克斯特效應）：

「當時沒有別人在實驗室，沒有人在樓裡，我只是動了一下那個念頭，我要燒掉那片葉子。這一念頭剛一出來，指標立

即做出了劇烈的反應，一下子擺到了圖表的頂端。」

　　線索2：英國詩人威廉布萊克（William Blake）的作品——一粒沙（A Grain of Sand）

*To see a world in a grain of sand,*（一沙一世界）

*And heaven in a wild flower,*（一花一天堂）

*Hold infinity in the palm of your hand,*（手中掌握無限）

*And eternity in an hour.*（剎那即是永恆）

　　線索3：腦細胞圖 vs. 宇宙星系圖

　　網路文章：【宇宙是個超級大腦】

　　從《紐約時報》曾刊登的照片顯示，老鼠大腦細胞與整個宇宙具有相似、難以區分的結構。

　　網路文章：腦殼裡的宇宙：神經元與星系網絡間驚人的相似性

　　「人腦中的神經元總數與可觀測宇宙中的星系數目大致相同。」

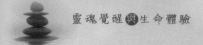

## 4. 處於量子狀態，才是真正的自由

在上一篇，我們談論了「集體意識」。我們知道，人是集體意識，那麼同樣的，神佛則是更大的集體意識，而包含所有生命存在的集體意識，我們稱為「神聖本源」（The Source）。從能量的觀點來看，是完全可以用整體論來解釋的。

從這一篇開始，我們將會接觸到關於身體、頭腦之外的東西，也就是身、心、靈中的「靈」。

在這一篇，我們會談論「量子世界」，和你一起從微觀的角度去看世界（微小的世界）。對於量子世界的科學知識方面的探討，我們也會在「後記」討論，有興趣的朋友可以參考。

「量子」（Quantum）的意思是「不可被分割」的最小元素，也就是最小粒子。而「量子世界」則是指微觀世界。

量子世界像是什麼樣子呢？這次用來解釋量子世界的工具是「水流」，它的意義如下：

1. 宇宙的能量像水一樣在流動，所有的生命都受到「水流」的影響。

2. 就像海洋生物一樣，個體之間透過「水流」而互相連結、影響著。

3. 「水流」不會靜止，永遠在流動、變動之中。

4. 「水流」中的水滴不會突然有大的位置跳動，它以漩渦的方式運動、流動。

5. 順著「水流」，你將能很輕鬆的獲得你所需要的；逆著「水流」，所有事情將非常困難。

宇宙的能量像水一樣在流動，所有的生命都受到「水流」的影響

### 量子世界的運動方式：螺旋

在量子世界中的運動方式是「螺旋」的，也就是像下圖一樣，像是水流中的漩渦帶動周圍的「水滴們」，藉由這樣的方式讓它們移動、產生巨大變化。

有些人也許會覺得「在水裡太麻煩了，我喜歡在陸地上，想去哪就去哪，不用被水流帶著走。」

這就是大部分的人所習慣的做事方式，也就是「不自然的方式」或說是「不與自然融合的方式」。以「不自然的方式」做事，就像在水中逆流而行一樣，需要「出力」，也會受到「阻力」。（有些人會說「但我是在陸地上」，可是水流只是用來描述能量的流動而已，它依然存在每個人的周圍）

「水流」中的水滴不會突然有大的位置跳動，它以漩渦的方式運動、流動

那麼順流而行又會如何？有些人會說「順流而行不知道會去到哪裡，會去到我想去的地方嗎？」

因此，逆流而行的好處就是「很快，不用等待」，缺點是需要「出力」及有「阻力」；順流而行則相反，不需要出力（精確的說是只需出很小的力），沒有阻力，但是比較慢，需要等待，並且無法確定是否會去到你想去的地方。

### 量子世界有著怎樣的訊息？

微觀世界（量子世界）是事物的真實面貌，也就是能量世界「本來所是的樣子」。這也就是為什麼很多科學家嘗試去觀測原子、電子的行為模式的原因，因為他們知道宇宙真實的運

作方式需要從微觀世界去尋找。

　　而為什麼進入量子力學的科學家們無法解釋他們所觀測到的？是因為「事物的真實面貌，和表面看起來的差距太大」。

　　「巨觀的世界」也就是我們眼睛所見的現實世界，「微觀的世界」也就是肉眼無法看到的微小世界。為什麼巨觀的世界和微觀的世界差距很大？到底哪一個才是真實的（實相）？

　　打個比喻來說，電影或戲劇是常常被人談論的話題，電影中常有許多出色的表演，使得這個「人為設計」的劇情、發生的事件、人物個性看起來栩栩如生。而電影或戲劇播出之後，人們常常喜歡去了解他們喜愛的演員在幕後的私生活、他們真實的個性等。並且本人常常與劇中的演員個性相差很大，經常會有醜聞出現在新聞上等等。那麼到底「電影」中的人物是真實的？還是演員的私生活是真實的？我想你一定能區分的。

　　其他的例子也包括軍隊操演、動物馬戲團表演等皆是如此。這些例子就像我們從巨觀的角度看世界一樣，看到的是「量子們」在被要求表現的情況下的精彩演出。

　　而「微觀的世界」，就像是把攝影機關掉，演員們鬆了一口氣（終於可以休息了）的時刻，他們所表現出來的樣子。

　　因此，不論是對於你（巨大的集體意識）還是對於量子（微小的意識），處於量子狀態，才是真正的自由。

### 幻象：物質化、時間、空間

　　「量子們」被要求演出的是什麼？首先，我們談到「物質化」這件事，它指的就是「把能量凝聚在一起以便被肉眼看到」。我們知道物質有三態：固體、液體、氣體，固體是凝聚力最強、粒子之間的自由度最低的狀態，而液態、氣態的自由

度愈來愈高，液態的物質（例如水）還能被肉眼觀測到，到了氣態的時候就快要看不見了。事實上，在氣態之上還有自由度更高的「等離子（電漿）態」（Plasma），可以在被閃電打中的水中觀察到（關於等離子的先進技術，凱史博士（Keshe）教導人們製作的甘斯（Gans）即為等離子的應用）。

當物質粒子的自由度愈高，也就是讓「量子們」自由於物質化的演出這件事，我們發現許多神奇的事就開始產生了（請參考凱史科技對甘斯效用的描述）。這也就是「量子世界」的真實狀態，當「量子們」不需要演出「物質化」的戲劇時，他們本來的狀態對我們來說是相當神奇的狀態。

### 「時間、空間」也是「量子們」演出的戲劇的一部分？

講到時間、空間就讓人想到愛因斯坦的相對論，因此同樣的，理論的探討留在「後記」討論。

時間在我們的世界（地球）是做為一個緩衝的用途的，例如你種下一顆種子，它需要一段時間才會發芽、成熟。而空間也是，從台灣到美國，因為距離遙遠，坐飛機也需要半天到一天的時間；另外，因為有空間，人們不會全部擠在一個地方，而可以在許多不同地方。

如果沒有時間緩衝、空間區隔，是不是代表在量子世界，所有的事都是馬上發生、所有人全部都在一起？

這就是我想提供給你的，關於量子世界的印象。

### 量子世界與意識（你就是量子組成的集體意識）

什麼是「意識」呢？所謂「意識」就是「感覺到你的存在」，而一般人所說的「失去意識」就是「感覺不到你存

在」。

因此，這邊所說的「意識」和〈1-2.什麼是自我〉所說的「自我」其實是一樣的意思，它並不複雜。

當你「感覺到你的存在」時，也就是「你存在」。因此，「意識」其實就是「存在」本身。

那麼，這些量子世界的「量子們」是否是永恆存在的呢？（線索請參考〈後記〉的討論）

「意識」和量子世界有什麼關係呢？

《駭客任務1》莫菲斯：「當母體成形時，有一個人在裡面出生，他有能力隨意改變母體，重新創造真實世界。」（When the Matrix was first built, there was a man born inside who had the ability to change whatever he wanted, to remake the Matrix as he saw fit.）

你的「意識」有能力隨意改變母體（我們的現實世界）嗎？

看起來答案會是在量子世界。（別忘了我們也是由量子所構成的）

這些「量子們」最自由的狀態是什麼？所謂非物質的、沒有時間、空間的狀態是什麼？

《駭客任務1》莫菲斯：「可惜的是，無人可以告訴你『母體』是甚麼。你必須親眼目睹。」（Unfortunately, no one can be told what the Matrix is. You have to see it for yourself.）

在〈1-6.一個實驗：讓潛意識接管全身〉將帶你初步體驗量子世界的狀態。（不會像《駭客任務》電影那樣激烈，立即把你帶到真實世界，而只是稍微的體驗一下）

### 被控制 vs. 自由意志

你能讀到這裡，相信你不會認為自己處在一個自由的國度吧？對於一個新的系統，如果你會想確認它是不是自由的，那代表你是渴望得到自由的。

一個「被控制」的世界指的是少數人掌握著所有人的自由，也就是一個世界有「中心」，所有人都受到「中心」所控制。例如我們的銀行控制我們的錢、雲端平台（Facebook、Google）控制我們的隱私、個人資料、政府監控人民的行為等。

以星球系統來說明的話，這樣的系統是每個個體繞著中心運轉的，也就是圓形的（左圖）。

而如果每個人有自由意志，在行星系統中，就相當於每顆星有著自己的軌道（走著自己的路），不是繞著某個中心運轉，而是與其他星球相連接，「共同」決定運行的路線。

那麼，這樣形成的軌跡將會是「螺旋形」的（右圖）！

於是，這裡就回答了上面的問題：「順著水流，是否能去到我想去的地方（自由意志）？」

在量子世界中，你本身就是「水流」。

你可以（稍微）決定你的方向，並影響「水流」的方向。

（這也就是前面在說明螺旋時所說的「只需出很小的力」的意思）

以星球系統的例子來說，當你（稍微）選擇了某個方向前進，你同時也（稍微）改變了整個星系運行的路線。（當然，微觀世界例如原子、電子，也是以同樣的方式運作）

在這樣的系統中，可以達到「每個人都決定了自己的方向，並且每個人又都順著水流走」的效果，也就是「每個人都同時有自由意志，又同時與整個系統融合在一起」。

這樣的量子世界是不是很奇妙呢？在往後的單元，我們將一起體驗。

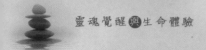
# 4-1 處於量子狀態， 才是真正的自由（後記）

從前面的介紹，相信已經說明了，不論是想了解你、宇宙、神佛、內在的力量等領域，量子世界都是一個關鍵的角色。

對於喜愛科學的你，在這篇〈後記〉，讓我們一起進入科學的世界（量子物理學），快速瀏覽一下量子世界吧。

### 從量子力學說起

那麼我們的物理學家們（特別是量子物理學家）目前已經有什麼樣的進展了呢？

名物理學家費曼（R・Feynman）：「我想我可以有把握地講，沒有人懂量子力學。」

量子力學巨擘波耳（Niels Bohr）曾說：「如果你沒對量子力學深感震驚的話，表示你還沒瞭解它。」

量子力學是一門從微觀世界探討宇宙運行的真實原理的學問，而佛陀則是從意識的觀點說明宇宙實相，因此我可以說：

「不懂佛學，不可能懂量子力學，反之亦然。」

關於量子力學的演進，以及科學家們在探討的主要問題點，可以參考以下這篇：

網路文章：沒有人懂量子力學——《原子中的幽靈》中文版導讀

其中說明了古典力學只能解釋巨觀的現象，對於微觀現象則與實驗結果不符。

而量子力學的成功就在於，它的理論與微觀的實驗結果完全相符。

那為什麼又說沒有人懂量子力學？因為科學家們不理解為什麼現象會是這樣的。（如本文所述，真實與表象差距太大）

例如電子為什麼從A點移到B點時，在軌跡中間的C點卻觀測不到它？這導致物理學家們只能用電子出現在每個繞行軌道上的機率來描述它。（只知道它有可能出現在那裡，卻不知道它怎麼出現的，也不保證一定會出現）

文章中說到：「我再強調一下，電子的軌跡是根本就不存在，並不是我們沒有能力去觀測到而已。」

等一下，軌跡不存在？那電子從A跑到B，難不成是跳過去的？就像瞬間移動一樣？（量子跳躍在下面將會討論）

### 量子的特性

奇怪的事還不止這樣，在我研究量子電腦時，讀到量子還有以下特性：

1. 量子會自旋（spin），有兩個方向：順時針和逆時針（超越物質特性）

2. 量子疊加態（superposition state）：所有可能性同時存在的狀態（超越時間特性）

3. 量子糾纏（quantum entanglement）：量子之間不管距離多遠，都可相互影響（超越空間特性）

自旋雖然看似沒什麼特別的，但是其實和量子世界的本質大有關連，我們下面再仔細討論。

### 量子疊加態

量子疊加態（也就是本文提到的「處於量子狀態，才是真正的自由」的那個狀態）則是同時包含所有可能性的狀態。

歷史上有名的「薛丁格的貓」（量子物理學家薛丁格）的描述如下：

一個假想的情境是，將貓置於放射性的環境，並觀察貓是否仍然存活的實驗。在這個假想的情境中，如果不去檢查，將不會知道貓是死的還是活的。根據量子疊加理論，此時貓的狀態既是死的也是活的，直到觀察者去檢查為止。

簡單來說，「薛丁格的貓」就是用來說明量子疊加態的例子，也就是「在觀察者決定去看結果之前，所有可能性是同時存在的。」

〔進一步說明，量子電腦（的其中一個特性）就是利用「量子疊加態」來加快運算速度的。

「薛丁格的貓」代表的含義是一個「量子位元」的概念。一般的電腦用「位元」來表示0或1，而在一個「量子位元」中，0和1的狀態可以同時存在（同時計算）。

因此，如果有10個「量子位元」，就可以同時計算2的10次方（＝1024）種情況，不久後我們將會有50～100量子位元的量子電腦（2的100次方＝？），計算速度將會非常驚人。〕

有些人可能無法接受「同時存在也是一種狀態」的說法，那是因為他們的認知是三維世界的，也就是「在一個時間點上，只存在一個可能性」。

回顧一下本文提到的，「時間、空間也是量子的演出」的說法吧，這是本文提供的重要訊息之一。

## 量子糾纏

量子糾纏是一種現象，對一個粒子做量測時，會立刻影響另一個粒子；不管它們彼此相距有多遠。

這個現象代表的意義是，即使你把兩個粒子往反方向向遠方發射，它們仍可互相影響（也就是它們仍是相連的、或者兩個粒子根本是同一個粒子）。

愛因斯坦的「相對論」認為時間和空間是會交互作用的，當你（以某個速度）向遠離我的方向移動時，可以觀測到我的「過去」；而當你（以某個速度）向接近我的方向移動時，可以觀測到我的「未來」。

當然，如果你（相對於我）沒有移動，你和我的時間就會是一樣的，也就是會看到我的「現在」。

愛因斯坦（及其他科學家）藉此發現「過去、現在、未來其實同時存在」，我們體驗到的時間只是像電影一樣照著影片的時間播放而已：

網路影片：時間只是「幻象」，過去、現在與未來均同時發生（Spacious Present）！

影片中說明了科學家發現到時間之所以是單向的（從過去往未來），是因為（我們的這個）宇宙是從「有序」變化到「無序」，所有一切是向著更混亂的方向走。

那麼量子世界是否也是「時間單向」的呢？也許下面這則報導能提供一些線索：

網路文章：不受時間之箭拘束，量子電腦可能將改變我們對時間的看法

「根據過去科學家James Crutchfield進行的研究，當你想從各種發生的情況（原因）預測未來可能發生的事情（結果），你

會需要一台強大電腦系統來模擬，但若是以相反順序推理，困難度將以指數級成長，你會需要遠比前者更強大的電腦才能進行，這種不對稱的現象稱為因果不對稱（causal asymmetry）。」

這個團隊研發的量子物理模型在預測實驗中發現，它可往任何方向預測。「甚至在某些測試，好像從原因推測到結果或從結果推測到原因，對量子電腦來說根本沒有差別。」

其他線索包括在佛學中的「因果循環」、預知夢、算命師可以預知人的未來、預言家可以預知地球世界的未來（劉伯溫的燒餅歌、救劫碑文；李淳風、袁天罡的推背圖等）。

把這些線索結合起來，相信可以得到一個認識：「時間、空間也只不過是能量的一個形式而已。」


### 量子世界與意識的關係

佛學是以意識的角度來解說宇宙原理，那麼量子世界和我們人的意識到底有沒有關係呢？

愛因斯坦曾經問到：「是不是只有當你在看它的時候，月亮才在那兒呢？」

網路文章：顛覆認知的電子雙狹縫實驗——科學史上的今天

英國物理學家楊氏（Thomas Young）1803年在英國皇家學會發表的研究顯示，光束穿過紙卡的兩道狹縫會在屏幕上形成明暗相間的條紋（干涉現象，如同水波的漣漪）：

「粒子會與自身產生干涉作用，但一旦你想查明它的走向，干涉現象就會消失。好像它永遠知道是否有人在窺探它，而它只在沒有人看時才願意表現出神祕的自我干涉。」

可見人的意識與量子進行互動，對量子的行為具有<u>決定性</u>的影響。

這是否表示人可以單單只透過意識操控量子，或與量子世界進行互動？

如果可以的話，又該如何做到呢？

關於這部分，有幾項相關的研究可以參考：

**1. 台大前校長李嗣涔的「<u>水晶氣場就是撓場</u>」**

李嗣涔教授在研究氣功，發現到俄國科學家對撓場的理論，和水晶氣場（水晶會產生氣）以及氣功的「氣」的關聯性，並做出「水晶氣場就是撓場」的結論。

網路文章：撓場與氣（台大校長 李嗣涔）

撓場（torsion field）是俄國物理學家對物體自旋產生的時空扭曲所做的研究，它一直未受其他科學家重視的原因是，撓場靜止時的強度比萬有引力還弱$10^{27}$倍。

從上述可以看出，物體（量子）自旋產生的場，很可能是物質、能量的本質。而當人的氣場增強時，撓場的自旋也就會增加（藉由自身的意念產生能量）。

「它有如下的性質：

（1）與引力場相似，<u>撓場不會被任何自然物質所屏蔽，在自然物質中傳播不會損失能量，它的作用只會改變物質的自旋狀態</u>；

（2）撓場的傳播速度至少為光速的109倍；（下面的報告數據是10的9次方倍）

（3）撓場會產生軸相的加速；

（4）撓場源被移走以後，在該地仍保留著空間自旋結構，

也就是撓場有殘留效應。」

撓場的特性（1）很可能是在說明「量子」不會與物質交互作用（不會老化），也不會隨時間而減少，它是永恆存在的。也就是佛學所說的「不生不滅，不垢不淨，不增不減」。

2. 中國地質大學心靈量子能量研究所：「意念可以控制物質」

網路文章：【人體「特異功能」的研究報告】宇宙的終極載體──意識

意念（使用氣產生撓場）可以控制物質：離體意念使電子鐘秒針停止、在鍍金的硅片上進行意識微雕、意念攝影、將煮熟的鵪鶉蛋、雞蛋瞬間返生等。

我們看到一個例子，使用意念（氣功、內在力量）可以把能夠在量子世界做到的事，帶到物質世界來。

這是否足夠說明，「量子就是人的意識本身」呢？

3. 大衛‧威爾科克（David Wilcock）的「幾何圖形會形成源場」

大衛‧威爾科克的《源場：超自然關鍵報告》一書中提到「幾何圖形會形成源場」的概念，與「撓場」的共通點是「殘留效應」現象：

「卡里耶夫博士的DNA魅影效應（The DNA Phantom Effect），證實了DNA分子會捕捉並儲存光。就算DNA分子已經被拿走，某種神祕力量還是讓光繼續留在原地達三十天之久。」

（摘錄自：《源場：超自然關鍵報告》第9章〈與諸神共舞的靜好歲月〉──「DNA的魅影效應：DNA與光子的連結」）

　　這個觀點對我的幫助在於：讓我找到一個方式，可以更有效的產生「氣」。（我們會在〈1-6.一個實驗：讓潛意識接管全身〉、以及〈2-3.身體能做到的事，比你想像的多很多〉的內容做更多的探討）

### 量子跳躍（Quantum Leap）的新認識

　　最後，我們來談談量子跳躍。

　　量子跳躍（又稱量子躍遷）的概念，最早來自普朗克（1858-1947）在電磁輻射的發現，電子從一個狀態到另一個狀態是用跳躍的方式過去的，而不是連續的。

　　我們如何理解這樣的物理現象呢？在這邊，我想從兩個面向去討論：

### 1. 開悟與揚升

　　奧修（Osho）解釋量子跳躍：

　　網路文章：量子跳躍（Quantum leap）是甚麼？

　　「量子跳躍不是一種跳躍，它是一種消失。量子跳躍是徹底地與過去斷絕。」

　　「你可以有新的衣服、新的臉孔、新的外表，但你依舊如昔，你在延續。一個量子跳躍，是一個你理解到過去已無復存在的片刻。」

　　「當你找不到自己的那刻，量子跳躍發生了。」

　　從這個觀點，「量子跳躍」什麼時候會發生？（也就是開悟／揚升什麼時候會發生）

　　當你「準備好」的時候。

這句的解釋就是，當你要從「原本的狀態」跳躍到「新的狀態」前，吸收了足夠的能量，並且已經足以創造（或已經創造）「新的狀態」時，「量子跳躍」就會發生。

而「量子跳躍」的發生，就只是很單純的「把原本的你刪除掉」而已，因為你已經不在那邊，你已經在「新的狀態」那邊。

## 2. 時空的不連續性

請看下面這則報導：

網路文章：量子跳躍成為遠距離傳輸的一次重大突破

現代物理認為時空不是連續的，長度最小只能到 $10^{-35}$ 米，時間最小只能到 $10^{-43}$ 秒，無法再更小。而愛因斯坦的四維時空包含時間和空間，如何在不連續的四維時空中運動呢？可見運動也是不連續的。（跳動，是否讓你想到量子跳躍？）

關於這點，我們可以從「動畫的原理」來理解，動畫是利用人的眼睛「視覺暫留」的現象來實現的，只要每秒播放30張圖以上，看起來就會像真的在動了。

「近幾年有學者提出的一個嘗試解釋運動本質的『量子跳躍，量子停止』假說。粒子只能在時間維度和空間維度中輪流運動，而在四維時空里連續運動的狀態是不存在的。」

從這些描述，也許你也發現了：量子世界跟動畫一樣，都是一張張圖持續在播放的。

也就是說，所謂的「運動」，不論是電子、人的運動、星球的運動、開悟與揚升、其實都是「量子跳躍」！

最後，讓我們再回到「整體論」在上一篇所講的「碎形」的特性，集體意識是「整體中包含著個體，然後個體又包含著

整體」。

　　如果量子包含了最完整的神聖本源的創造力（可以創造能量、物質），也就符合「個體包含著整體」。

　　這就是造物的神奇，你能想像的到嗎？

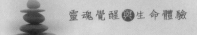

# 5. 信念創造

　　你是否希望能過更好的生活？你是否正在為生活打拼？辛苦工作但只賺一點點錢？

　　你平常的生活、工作，是否充滿壓力？你是否有一些身體上的疾病、病痛？

　　你與你的家人、朋友、工作夥伴關係如何？他們真正關心你嗎？

　　或者，你正在做你感覺到有熱情的工作、生活方式？

　　或者，你可以隨心所欲的輕鬆工作，家人、朋友、工作夥伴們都喜歡你、認同你的存在地位？

　　或者，你需要時總有人可以幫助你，不會感覺到壓力，不需要經常吃藥來維持生命？


　　在這一篇，我們談談「信念創造」這個話題。信念就是「你所相信的東西（事情）」，而你會發現，你所體驗到的世界恰好就是「你所相信的所有東西的總和」。

　　因此，我們知道，「你的信念創造了你的世界（生命體驗）」。

　　關於這個真相，至今有愈來愈多的訊息來源提供：

　　《祕密》The Secret 朗達・拜恩（書及影片）

　　《零阻力的黃金人生》──許耀仁、王莉莉

　　下面我們來深入探討「信念」與「創造」。在討論之前，我們先提供一個工具供你想像本篇的要點，本篇的工具是「用水瓶倒水」：

請你選擇一瓶水，倒在你養魚的水池中。

你可以選擇最左邊的透明水，或是中間有顏色的水瓶（紅、藍、綠，也可以有其他顏色），而最後一瓶則是有雜質的水。

如果選擇有顏色的水瓶倒下去，你會發現你將看不到原本的水池了。（水中填滿了你的色彩，看不見原本的樣貌）

你也可以選擇有雜質的水瓶倒下去，這麼一來，它會擴散到整個魚池中，對你養在水池的魚都會造成影響。

如果你選擇最左邊的透明水倒下去，你會看到水池清澈見底，水中魚兒游來游去。（也就是讓生命呈現他們本來的樣子）

你永遠可以重覆選擇，你可以嘗試把不同的水瓶一起倒進去，看看效果會如何。

「信念創造」就是像「用水瓶倒水」在創造你的世界。（事實上，除了上面畫出的水瓶，你還可以新增自己的水瓶，例如「發光透明水」。）

### 你是否掌握創造的主導權？

我們從一個例子開始：你是否會遵守紅綠燈（交通規則）？

請你想像一下：如果你到一個地方，那裡剛好沒有警察也沒有其他人，只有你一個人在走路，你是否會遵守紅綠燈？

從這個問題，可以看出你是不是「下意識的在遵守規則」。（我想大部分的人都是如此）

如果你是下意識的在遵守規則，你忘記了「為什麼會有這個規則」，那你就很難判斷「什麼時候適用這個規則」，以及「什麼時候不適用這個規則」。（很多人會說，那去看規則裡面規定什麼時候不適用就知道了）

也就是說，如果你只是遵守別人定好的規則，你將喪失自主思考的能力。它的嚴重性在於：你可能已經不知不覺把主導權讓給他人了。

反過來說，如果你非常清楚紅綠燈規則的用意：在有很多人同時穿越一條道路的情況下，讓所有人都能「安全」的通過。（當然，它犧牲了每個人一點點的時間，這個缺點我們也需要清楚，以便在有更好的方式時隨時取代它）

如果你清楚，在沒人的時候，紅綠燈是沒有存在的意義的。

那你會發現：別人訂的規則是不適用於你的，因為你總是可以按照自己的判斷來決定要不要遵守。這樣的你，是不會被規則限制住的，你就會是自由的。

如果你是這樣的情況，那你只要去了解規則背後的本質，並將它們運用到所有層面、所有事情上，你將可以總是創造你所希望的生命體驗。（下面會再詳細探討）

然而，許多人擁有他們不想要的（不好的）信念。

### 信念是如何被帶入的？

許多人做著自己不想做（不合理）的工作。

當被問到：你可以停止做不想做（不合理）的工作嗎？

常見的答案是：「不行，因為沒有工作無法生活」，或是「我的能力不足，無法做我想做的工作」。

也就是說，他們同意了這些情況，他們同意「做他們不想做的工作」。

人們藉由「抱怨」發生在自己身上的不好事情，同意了這些「苦難」存在的合理性；而拒絕了可能提供給他們的幫助，以及更好的生活方式的可能性。

準確的說是這樣的，人們抱怨完後，總是仍然按照原本（他們抱怨的那樣）的方式繼續工作、生活，並沒有做出任何改變。（這不就代表著他們同意了嗎？）

在這樣的情況下，如果談論到「是否有更好的選擇或可能性？」大多數人的反應會是：「不可能吧」，或是「不可能發生在我身上」。（這不就代表他們拒絕幫助了嗎？）

如果他們不同意呢？情況是否會有所不同？

### 掌控權不在我手上的信念是如何產生的？

在一個團體中，偶爾還是可以看到少數人被允許可以不用做事，這些人可能沒有受到大家的關注，或者是被認為與上級人士關係較好等等。總之，他們「沒有同意」，因此沒有體驗到這些不想做（不合理）的工作，從邏輯上來看，沒有違背信

念創造法則。

通常這會是少數的案例，大部分的情況是，上級人士會施壓，迫使人們屈服於壓力而同意。而如果當事人堅持不同意，可能就會被迫離開團體。

因此，「掌控權不在我手上」的信念是「人工手段」造成的（例如施加壓力），因為它不符合自然法則，所以必然需要持續不斷的「人工製造」才能維持這樣的集體意識（群眾信念）。

### 信念系統是程式（DNA），可被改寫

前面我們看到了將信念人工植入人的腦中的方法，這些被植入的信念，其實是可以被改寫的。

如果你是一個覺醒的人，那麼你會有的一個明顯特徵就是：不會像大多數人一樣順從規則。

因為你的內心清楚：我們來地球是來定規則的，不是來遵守規則的。

你可以自己制定一個符合自己內心期望的遊戲規則，並充滿喜悅的在這個世界體驗。

而創造是如何發生的？

創造是在無意識（潛意識）中發生的：所有被你同意的事，創造了你的實相（包括與你互動的人、事、物）。

所以，如果想要了解你的信念，我們需要來研究潛意識層面的東西。

**想要實現夢想，調整信念系統是一個高效率的方式**

調整信念系統大致有兩個步驟：

1. 了解自己有哪些信念

2. 去除你不想要的（不好的）的信念

當你開始進行這兩個步驟時，你的世界將朝向對你有利的方向發展。

**了解自己有哪些信念**

我們來研究一些信念的力量：

**1. 水（晶體實驗）——話語的信念力量**

《水知道答案》一書中說到，當水看（或聽）了不同的話語之後，會呈現出不同的形狀。

正面的話語（例如謝謝）會呈現出漂亮的結晶圖形（左），而負面的話語（例如渾蛋）則呈現出混亂的圖形（右）。（結晶是有序世界、天堂世界所呈現的樣子；混亂則是混沌、隨機世界、無序世界、黑暗、或稱宇宙異常所呈現的樣貌）

你能像水一樣感受到正面話語、負面話語的能量有什麼不同嗎？

減少體驗到負面話語，將可以起到改變你的人生的作用。

### 2. 負債很多的信念

我們知道，有些人即使有負債（例如房屋貸款）也能按計畫一步一步還清，這樣的人是沒有負債的信念的。

有負債信念的人，指的是習慣性積欠負債的狀態。這樣的人，即使偶然還了債，仍很快會再回到負債的狀態，不斷循環。

因此，任何人只要去除負債的信念，將不容易產生負債。然而，負債的狀態是不容易去除的，除非自己有意願改變現狀。

有負債信念的人需要了解的是：負債，只是代表無法表現真實的自己。

因為經常抗拒發生的事的人，本該處理的事不斷累積，就會造成各種負債（金錢上、身體上、人際關係上）。

而一個生活方式很自然、隨遇而安、「今日事，今日畢」的人，是不容易有負債的。

### 3. 辛苦 vs. 輕鬆的信念

這是許多人都會遇到的問題，它源自於我們小時候的教育：「誰知盤中飧，粒粒皆辛苦」、「天下沒有白吃的午餐」等教導。

如果這些話語成為了你的信念，你將會創造出辛苦的人生。因此，如果你剛好是一位需要辛苦工作的人，想想這個問題吧：你是否相信你「必須」辛苦工作才能維生？

你可能會說：「但現狀是如此，我不可能突然變得很輕鬆

吧？」

　　你是對的，改變不可能突然一步到位，如同上一篇的「量子世界」提到的概念，改變是螺旋形（漩渦）的。因此，<u>每天帶人一點「輕鬆」的信念會是一個好的方法。</u>（見下面〈改變信念的方法〉的例子）

### 4. 要活就要動

　　在《新楓之谷》遊戲中，有個很可愛的怪物「菇菇」（示意如上圖左）。在「遠古時有菇菇」劇情中提到，菇菇會一直跳的原因是：當他不跳的時候會變成房子（示意如上圖右）。

　　在真實世界中，我們的常識都教導我們「要活就要動」、「持續運動才能保持健康的身體」等，使得許多人「運動」的目的是「為了維持生命力」、「減緩老化」、「預防疾病」等，而不是因為「<u>運動讓人感到開心</u>」而去運動的。

　　兩者之間的差異在哪呢？在於你的信念，前者是「擔心生命力下降、擔心老化、擔心生病」；而後者則是「<u>做自己喜歡做的事很開心</u>」。

　　抱持著擔心信念的人，總是不知不覺的在往他所擔心的方向前進；而抱持著開心的信念的人，也是往他開心的方向前進。（這就是信念創造的原理）

一段時間之後，你會發現擔心那些事的人還是始終擺脫不掉他們所擔心的；而開心的人卻因為經常心情很好而不容易出現那些令人擔心的事（生命力下降、老化、生病等）、經常心情好反而不容易生病、看起來總是比實際年齡來的年輕。

　　如果意識再更加提升，甚至可以擺脫疾病、老化等的定律。因此「持續運動才能保持健康的身體」甚至未必永遠是對的。（另一種思考方式，可以從什麼叫「運動」來討論，了解「運動」真正的本質，也會得出不同的結論）

　　以此觀點，「熬夜傷身」在意識水平夠高的情況也不會發生，因為他們不像是在「熬」夜，而是輕鬆的享受深夜的寧靜，並且他們醒著、睡著的狀態差別沒有那麼大。

### 5. 有價 vs. 無價

　　價格本身只是一個數字，但它在大多數人心中的觀念卻是「代價」，也就是「天下沒有白吃的午餐」。

　　「代價」就是人們所不想要的那部分信念。例如人們喜歡買想要的東西，但是不想要「付錢」；人們喜歡領薪水，但不喜歡「繳稅」；人們喜歡買房子，但是不喜歡「背二十年房屋貸款」；人們喜歡用手機看免費網頁，但是不喜歡「畫面上出現廣告」；人們喜歡用免費社群軟體，但不喜歡「被監控、個人資料外流」。

　　它代表任何好事的背後，一定隱藏著不好的因素，也就是「有好就有壞」、「任何好事都有附帶（你不想要的）條件」。

　　這是一個奇怪的點，不是嗎？

　　我們知道，「你擁有什麼，你就能給出什麼。（你無法給出你所沒有的）」以及「你給出什麼，你就收穫什麼。（種瓜

得瓜，種豆得豆）」。

如果你只有藍色水瓶，你就只能把水池變成藍色的；如果你只有有雜質的水瓶，你就只能把水池變成有雜質的；如果你只有透明水瓶，你就只能讓水維持透明。

也就是說，如果你本身有很好的特質，你給出你的「好的特質」，那麼你將會收穫「好的特質」所帶來的「好的結果」。

那為什麼又會「有壞」呢？

很顯然的，這是「負面的創造力」表達他們自己的方式。負面的創造力包含著負面的信念，所以它無法給你別的，它只能給你負面的東西，就像有雜質的水瓶一樣。

你是否想要體驗「所有事物都有代價」的世界？由你自己決定，你可以同意，當然你也可以拒絕。

問題是，「那個沒有代價的世界真的存在嗎？」（請參考〈3-4. 2019新趨勢──善於分享者獲得權勢〉關於「分享式社會」的說明）

你能否想像，一個「每個人都樂於分享」的世界？

愈來愈多人已經在這樣做了：

網路文章：萬維網發明者Tim Berners:我有一個推翻互聯網的計劃

Tim Berners-Lee初步公開他和其他互聯網活動家祕密創立了9個月的初創公司──Inrupt（總部位於美國）：

「多年來，Berners-Lee和其他互聯網活動家一直夢想製造一個數字烏托邦，在那裡人們可以自己控制自己的數據，而互聯網仍然保持自由開放。」

如果你想進入那樣的世界，從自己先開始分享吧！你不需要割肉餵鷹，你只要分享快樂給自己和他人（快樂是無價的），那麼你將會收穫更多的快樂。

6. 一個看似自由的世界是怎麼形成的？

你可能會問：我們的世界（地球）是一個看似自由的世界？

那麼我會說：顯然它不是「真正」自由的世界吧？

怎樣是真正的自由呢？

對於一個選擇（例如：《駭客任務2》——先知問尼歐要不要來顆糖果？暗示「你是否選擇相信？」代表自由意志選擇）你無論選擇A或選擇B（選擇Yes或選擇No）都應該被祝福，那就是真正的自由。

然而，現實世界的情況是，你通常選某一邊壓力會比較小，選另一邊壓力比較大。（例如被交待工作、被推銷買東西），在這種情況下，你看似有選擇權，但你無法自由的做選擇，而是在「受控」的情況下去做選擇的。

其他更隱密的方式，則是利用灌輸負面訊息的方式，預先植入負面的信念在我們腦中（其實前面已經概略提到了，透過學校教育、新聞媒體、電視等，灌輸一些你可能到今天還深信不疑的負面信念）。

信念植入你的腦中，即使讓你自由選擇，也容易被人掌控，因為大多數人會做什麼選擇是可以控制的。

至於為什麼要用這樣「人工創造」的系統，因為這樣對於少數人（金字塔頂端的人）管理起來比較方便。

### 改變信念的方法：虛擬情境體驗法

到目前為止我們一直在探討我們的「負面信念」，接下來我們來討論消除負面信念的一些方法。

有人會問：那我需要學習植入「正面信念」的方法嗎？

答案是：不需要，因為我們本來就有，所有符合自然法則（上一篇所講的水流、宇宙潮流）的信念都是正面的。而負面信念之所以要以複雜的「人工」方式植入，就是因為它不符合自然法則。

當你消除了你的負面信念，你將可以隨心所欲的玩「信念創造」的遊戲，並從過程中得到各種正面的好處。

（關於改變信念的方法，本文開頭所介紹的吸引力法則——《祕密》影片中已經有提供許多的方法，例如：感恩、觀想等，很值得參考。）

**消除「辛苦」信念的方法：**

只要善用電腦遊戲，可以達到消除「辛苦」信念的效果。

你是否有玩遊戲的經驗？遊戲玩起來感到輕鬆？還是辛苦？

有些人把現實世界的「辛苦」信念也帶到遊戲世界中，很明顯可以看的出來。

有些人對於複雜、困難的遊戲特別有興趣。如果他們不是特別擅長處理複雜、困難問題，就有可能是潛意識的「辛苦」信念，使他們習慣性的讓周圍的事物都變的很困難。（即使是擅長，他們的世界也充滿複雜的因素）

那麼如何利用遊戲消除「辛苦」信念呢？有些遊戲有提供密技，例如成為無敵狀態。

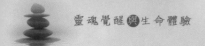

也許有人會很不習慣，會一直想要去躲子彈。（那麼這方法可能就很適合你）

也許有人會說，都不會死，那有什麼好玩的？（那你肯定想體驗「有挑戰性／困難」的人生）

**消除容易緊張、擔心信念的方法：**

讓自己經常放鬆、發呆，平常遇到的事是否容易令人緊張？

你需要了解的是：不管你處在什麼情境，總是讓自己放鬆下來，你會發現這會是你給自己最好的禮物。

網路影片：新楓之谷──玩具城大降落

這個影片展示了在遊戲中，從非常高的地方往下跳，觀看的人也會有身歷其境的感覺。但是多看幾次之後，驚嚇的程度就減少了。

（如同《駭客任務1》莫菲斯在高樓大廈屋頂上示範飛到對面的大樓前，和尼歐說了一句：「解放你的心靈。（Free your mind.）」）

**改變信念的方法：信念與意識的關係**

我們所體驗到的世界有一個「預設值」，也就是當我們不使用意識去改變信念系統時，所體驗到的世界，那個世界是三維（第三維度／密度）的。

三維世界的主要信念是「服從於控制」，而到了四維世界的主要信念是「我是誰？」，到了五維世界的主要信念則是「我是一（合一、一體性）」。

進一步解釋，意識狀態處在三維的人，幾乎感受不到自己

的心靈力量，因此只能跟隨世界的規則來生活；意識狀態處在四維的人，感受到一定程度的心靈力量，並且也發現世界會以某種方式（稱為同步性）和自己互動，因此容易抱著疑問：世界與我有什麼樣的關係？

意識狀態處在五維的人，已經很習慣和天地萬物互動，似乎自己的意識包含著整個世界一樣，與世界合而為一。這樣的狀態我們稱為合一、一體性（也就是整體論所要帶給你的印象），英文稱之為The One。（在《駭客任務》（台灣版）電影中，The One翻譯成「救世主」）

### 提升意識水平（振動頻率）的方法

提升意識水平對於瓦解負面信念很有幫助，它可以給你更多的力量，讓你更容易去擺脫你所面對難以解決的困境。

我們將在下一篇〈1-6. 一個實驗：讓潛意識接管全身〉討論提升意識水平的方法，並在下下一篇〈1-7. 分辨真實與幻象〉討論到三維幻象世界的真相、以及破除幻象的方法（辨認出三維幻象維持器的方法）。

透過這些方法，相信可以幫助你更輕鬆的進行「信念創造」的遊戲，活出你真正期待的人生。


重要觀念整理如下：

1. 信念創造就像「用水瓶倒水」的遊戲一樣，開心的玩、開心的提升自己的狀態。

2. 所有的負面信念都是被「人工」方式植入的，它們不是你真正的想法。

3. 本文針對幾種負面信念進行討論：

 A. 負面話語：認出並遠離它們。

 B. 負債信念：練習表達真實的自己，不要隱藏不滿情緒，事情的發生（情緒的產生）需要被立即的處理（只是立即處理，不是立即解決，處理只是去面對它）。

 C. 辛苦勤勞的信念：認識「辛苦」信念存在的目的，是為了避免你意識提升。

 D. 「停下來就會失去生命力」的信念：認識「要活就要動」的信念，是為了避免你發現到你可以靜下來感受自己，然後意識就會提高。

 E. 代價的信念：負面的創造力的自我表達，讓你以為是真相，但其實它只是世界的一部分，當你在自身發現無價的可能性，你就可以離開有代價的世界。

 F. 虛假自由感：了解什麼是真正的自由、以及如何判斷，你就可以超越虛假自由的框架。

4. 消除負面信念的方法：找到另一種可能性（信念）去代替它，包括：

 A. 虛擬情境體驗法：讓自己習慣另一個（正面的）信念，來取代原本的負面信念

 B. 提升意識水平：讓自己跳脫到更高層次的世界（在意識上），更容易看穿原本信念的虛幻

5. 當你消除足夠多的負面信念，你會發現創造「純正面、
   符合自然法則」的世界是可能的，就像你可能會發明
   「發光透明水」一樣。

## 6. 一個實驗：讓潛意識接管全身

在〈1-4. 處於量子狀態，才是真正的自由〉，我們談論到「量子世界」，那是一個神奇的領域，也是許多學習靈性的人想進入的狀態。

許多人透過打坐、冥想等方式，進入到「量子世界」。

在那個狀態，他們會說他們看到一些神奇的現象（奇蹟、神蹟）。這些對一般人來說，就好像是卡通、電影裡面的抽象世界，很難想像它們是真實的。

因此，本篇只是做為一個實驗，讓你初步體驗看看所謂的「量子世界」。

許多人會懷疑它的真實性，有一個很重要的點在於：「就這樣坐著都不動，然後會發生什麼嗎？」、「每個人描述的都不太一樣，到底誰講的是真的？」

關於這些問題，希望你能在本篇找到線索。

### 極限分割：進入量子世界的鑰匙

首先，給你本篇會用到的工具「極限分割」：

| | | | | |
|---|---|---|---|---|
| 1/2 | | 1/4 | 1/8 | 1/16 ... |

極限分割是用來說明進入「量子世界」的關鍵方法，這個方法就是把「某個東西」（例如速度）不斷的除以2，例如原本

的速度是1，不斷除以2會得到1/2、1/4、1/8、1/16……。

如此下去，會進入到「無限小」的世界。（也就是量子世界）

喜愛數學的人也許對「芝諾悖論」並不陌生：他認為只要讓烏龜先跑一段距離，他就可以證明飛毛腿永遠追不上烏龜。

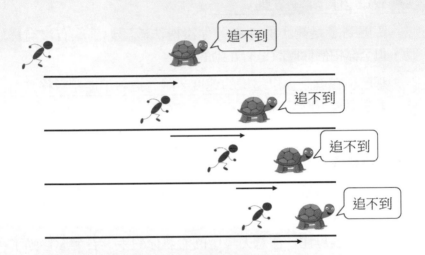

理由很簡單，因為飛毛腿跟烏龜都持續在跑，所以當飛毛腿跑到烏龜剛才的位置的時候，烏龜總是多跑了一點點。（被搞混了嗎？現代數學告訴我們，到了某個時間點，飛毛腿還是會超過烏龜的）

那麼這和極限分割的共同點在哪呢？也就是如果繼續討論下去，都需要討論到「無限小」，也就是「量子世界」。（即使在數學界，大家對「量子世界」仍持有不同觀點）

那麼，本篇最重要的關鍵就在這裡了！

打坐、冥想為什麼沒有效果？你可能需要帶入「極限分割」：

我們來做個實驗，用你的右手，從左向右畫一條線，從左肩畫到右肩，感受一下它的速度，還有你的移動方式。

接著，我們把距離除以2，從左肩畫到中間就好，同樣感受一下它的速度，還有你的移動方式。

再來，我們畫1/4、1/8、1/16……一直除以2，直到「你無法明確知道你是否有在動」。

距離到了足夠小的地步，你沒辦法確認你到底有沒有移動，但是你相信你應該是有在動的。

那麼現在就請你以這樣的速度，試著把右手從左肩移到右肩，並觀察一下自己的感受。


**小小提醒**

如果你沒有感覺到什麼，我需要強調一下，請讓自己盡可能的放鬆，再去做這個動作。

如果你很專注、注意力集中的看著你的手，看著你移動了多少距離，那麼你將很難進入「量子世界」。（真正的原因在下一篇才會提到）

雖然也有方法是讓自己處在意識非常專注的情況去練習，但那樣的方法，目的是等到你「無法再持續專注下去」時，你才會發現你真正要的狀態其實是「全然的放鬆」。（並且那樣的練習，可能很少人會想試第二次，這就代表你必須一次就成功）

數息（數自己的呼吸次數）、數羊都是這類的方法。有些人用數羊的方式很難入睡，其實是因為數羊的過程會讓你意識維持在清醒狀態。但是睡眠或是進入「量子世界」，卻是要你往反方向，也就是不清醒、注意力不集中的狀態。

### 量子世界：靜止不動背後的真相

進行了這個實驗之後，你也許會感覺到非常奇怪，也許非常不習慣、想逃離那種感覺。

但是至少你做了一件驚人的事：你在沒有依賴任何物品、沒有外力作用的情況下，只是移動手，就讓自己感覺到很怪異、也許很不舒服。（進入了一個奇怪的空間）

也許你會想再多試幾次，除了奇怪的感覺以外，也許你發現：以這種速度，你的手好像永遠移不到右肩的感覺。（可見飛毛腿永遠追不上烏龜的理論並不是個笑話，而是要在「量子世界」才會發生的事情）

也許你發現，當你這樣做，會有一種很不耐煩的感覺。（時間好像變的很慢，意識狀態好像在改變）

這些現象都是暫時的，它們只是代表你還不習慣「極限分割」的運動方式。

也就是說，只要你多試個幾次，這些不舒服、不耐煩的現象就會減少。

而你將會免費獲得一個新技能：能在「量子世界」空間玩耍的技能。

這難道不值得你嘗試看看嗎？

當你使用「極限分割」並體驗到量子運動（運動時進入某種空間感），你也可以把它應用到呼吸上，那就成為量子呼吸（氣功）。

量子呼吸就是增加呼氣的時間（減少呼氣的速度），增加2倍、4倍、8倍、16倍……（速度變為1/2、1/4、1/8、1/16……），直到你「無法區分你是否有在呼氣」。

（我沒有寫吸氣是因為：對我來說，呼氣時間可以很長，我只使用呼氣來進入量子世界）

當你在若有若無的狀態，那就會是對的，你會進到一個沒有時間／空間的領域（量子世界）。

你可以透過引發那樣的狀態，體驗到一些神奇的現象：麻麻的（電）、吸引和拉力（磁）、發熱感等。

這些都是氣功、打坐、冥想過程中可能出現的現象。

很有趣的是，當速度進到「無限小」的時候，就會進入「量子世界」。就好像你沒有在巨觀的世界移動的話，那麼你就會在量子世界移動。

這就是為什麼太極拳、氣功、打坐、冥想等與內在有關的功夫，都需要慢練。

至於要到多小？這點可能每個人的體會都不同。初期練習就想要到非常小，是不符合自然法則的。請不要太過勉強，或想要一步登天，反而循序漸進會走的比較穩、比較順。

### 如何才能真正放鬆？

放鬆是進入「量子世界」的必要條件。

同樣的，需要「極限分割」的方式來進行。你可以動你的手來放鬆，也可以用呼吸的方式來放鬆。

有些人會說：「我無法放鬆」、或是「我不敢真的放鬆」。

### 克服無法放鬆

有些人藉由呼吸來達到放鬆的效果、有些人先故意裝的更

緊繃，然後再慢慢放掉。這些都是你可以使用的方式。

　　但有一點你需要了解的是：放鬆不是靠你的手或腳去做什麼動作來達到，而是靠「改變你的腦波頻率」（也就是改變你的意識狀態）來達到。

　　你可以很簡單驗證這個觀點：想像一個人突然失去意識（例如昏倒）會怎麼樣？他的手是不是會立刻掉下來？

　　手會掉下來，是因為他的頭腦不再控制他的手，所以他的手「放鬆了」。

## 克服不敢放鬆

　　在上一篇，我們討論到「辛苦 VS. 輕鬆」的信念，它們都只是一種可能性而已，並非唯一的真實現象。

　　許多人有過這樣的經驗：長時間處在工作（戰鬥）狀態，突然一放假、一放鬆下來就生病（例如感冒）了。

　　這可能是有些人不敢放鬆的原因，因為不了解放鬆之後其實是會自動對身體進行療癒，而療癒的過程可能會把隱藏的問題引發出來。因此，了解放鬆之後可能發生的事，也許可以讓你比較放心。

## 讓潛意識接管全身

　　這個實驗，我很推薦躺著練（從這個描述你也許會發現到，並不是只有坐著練一種方式而已，你可以選擇任何舒服的方式）。

　　對於躺著很容易睡著的人，你也可以選擇坐著練。不過，躺著很容易睡著的真正原因只是：你習慣性讓自己太累了。這

樣的你，通常不躺下來也無法真正放鬆。而當你躺下來（真正放鬆）時，你的內在給你的指示就是：善待自己，先好好休息吧。

以我個人的體驗來說，需要避免在感覺疲勞的時候練習，那樣幾乎完全不會有任何效果。

現在我們說明「讓潛意識接管全身」的操作方式。

首先，我們先讓身體放鬆。

讓身體「放鬆」真正的操作方式，其實是「放掉你對手、腳的控制權」，如下方的「手腳消失想像圖」所示：

你可以實際體驗看看，你可以看著你的雙手，感覺一下它們的存在，然後放掉它們。

你會擔心放掉之後它們會掉下去嗎？就讓它們掉下去，我是說真的。藉由這樣你可以初步確認你有在放鬆。

對你的腳也做同樣的事，放掉它們。如果可以，對身體其他部分也做同樣的事。

不過如果你是第一次做，光做雙手其實就很有效果了。

把雙手放鬆之後，什麼也不會發生嗎？

你可以慢慢的，一點一點的放掉。你可以配合深呼吸，在每次呼氣的時候多放掉一點點。

你會發現這很難，它可能一直還在。

但是如果你繼續下去，到了某一個點，會有一些奇怪的感覺。（希望你多試幾次，因為它不是每次都會發生）

你可能手會麻麻的，你可能會害怕。（請確認你的手並沒有被東西壓住，所以並不是血管阻塞造成的）你可以繼續操作，不會有危險。

麻麻的就是手／腳開始消失了，慢慢的你會感覺到有一股拉力或無力感。

你也許會體驗到手突然跳動一下（觸電感），就像你平常睡覺時，快要睡著的時候會發生的事。

當你能把手和腳都放掉控制權，有些人也許會體驗到：慢慢的有股力量開始接管你的身體，像電流一樣，氣在全身流動。（中醫／中國武術所謂的打通經脈）

那是一股療癒的力量，是誰？誰在療癒你？

是你自己。

這是一股來自你的內在的力量。

也許你以為它單單只是能量反應，那接下來神奇的事可能會令你吃驚：

1. 當你熟練了「讓潛意識接管全身」以後，你會得到「自我電療」的能力，你自己就可以對自己做電療（它是自動進行的）。

2. 它知道你的身體哪邊有問題（尤其是潛在問題），它會集中你的氣去治療它們。

3. 每次的能量反應可能都不一樣，根據你當時的身體狀況而有所不同。

4. 如果你是站著練，會自動引發各種動作（氣功招式）（可參考林孝宗的《自發功》一書）。

是否很奇妙？似乎有個比你還了解你的身體的存在，隨時在等待機會來幫助你。只要你請求（把身體的控制權交出來），那個存在隨時會「接手」，幫你進行療癒。

以上的現象包含我個人多年來的經驗和體會，我認為那可能是我的「潛意識」或「高我」、「身心靈的靈」在協助我。

（我自己沒有體驗到鬼壓床的經驗。對於有這種經驗的人，我想請你試試：全身放鬆，放掉身體的控制權，然後再試著動看看，也歡迎你把效果跟我分享。）

補充說明一下，初期在練習時，常常會想引發神奇現象（發功發熱），因為有現象可以確認這些是真實的，並且也比較有趣。

但是所有的神奇現象都只是中間過程（過渡），當你吸收了那些能量，異象可能會消失。

所以，練習時不一定要引發異象才是有效，它可能會時有時無，但只要有放鬆，對身體都會有好的效果。

**神奇背後的真相**

你是否會好奇為什麼會有上述這些現象？到底什麼是真實的？

在《駭客任務1》，救世主尼歐開始感知到「母體」（The Matrix）的存在時，曾說了一句話：

「你是否曾經感覺自己在半夢半醒之間？（Ever have that feeling where you're not sure if you're awaking or dreaming?）」

而他吃了紅色藥丸之後，發生了什麼事？

他發現他周圍的空間開始流動，變成像流體一樣，而他摸了一下鏡子，鏡子變成流體。

而藥丸的效果增加，幻覺（夢境）世界開始崩塌的時候，他感覺到自己開始被流體包圍。

最後當他醒來，他發現他完全被泡在流體中。（所以<u>那些現象，只是代表他從幻覺過渡到真實世界，幻覺消失，真實顯現的過程而已</u>）

《駭客任務》的成功，在於它很寫實的描述了一個人「從夢境中醒來」所發生的事。

我們的實驗，並不會讓你完全「醒來」。

因為如果你完全醒來，你就會從這個世界「登出」（Logout），你就不在這個世界了。

但我們仍然想在這裡繼續體驗，是吧？

所以，我們需要的只是稍微體驗一下那個感覺而已。

你可以體驗「周圍變成流體」、「身體被流體包圍」（<u>我們的情況是，被一股能量包圍</u>），而不會像尼歐一樣體驗到再更進一步。

這個實驗是安全的，並且是有趣的，希望它也能成為你的體驗。

## 7. 分辨真實與幻象

　　在佛學中，有著對於「真實」和「幻象」的討論，例如《金剛經》提到「色、聲、香、味、觸、法」都是幻象，佛陀說「凡所有相，皆是虛妄」。

　　而在《駭客任務1》中，也描述了幻象世界「母體」（The Matrix）：「母體無所不在。它充斥在我們身邊，即使現在在這個房間裡。你可以在窗外、或者打開電視的時候看見它。你可以在你去工作、上教堂、納稅的時候感受到它。它是一個虛擬世界，在你眼前製造假象，蒙蔽真相。」

　　在本篇中，我們也會討論「真實」與「幻象」。在討論之前，我們先來看看本篇的工具「生金蛋的雞」：

　　在《伊索寓言（Aesop's Fables）》裡面有一篇故事「生金蛋的雞」，一個農夫發現他的雞每天會生一顆金蛋，但在殺了他之後卻發現他和一般的雞並無不同（故事細節省略）。

作為本篇的工具，我把它改編成：這隻雞會生金蛋，也會生一般白色的蛋。

當牠心情好的時候，生出來的蛋是金色的；心情普通或不好的時候，生出來的蛋是白色的。

這是我的改編，這樣造成了什麼變化或不同呢？也就是：當你去看那隻雞的時候，其實你是看不出他到底是一般的雞，還是一隻會生金蛋的雞。

甚至也許每隻雞都有可能生出金蛋！

我們已經很習慣使用「二分法」來思考。這種思維方式稱為「邏輯的」（Logic），也就是答案不是「對」就是「錯」、不是「黑」就是「白」，也就是邏輯（理性）思考方式。

這不是大家很熟悉的思考方式嗎？它有什麼問題呢？

在〈1-4. 處於量子狀態，才是真正的自由〉，我們談到在真實的狀態中（量子世界），兩種狀態可以同時存在（例如薛丁格的貓可以是死的又是活的）。

同樣的一隻雞也不能被簡單區分為「生金蛋的雞」和「生白蛋的雞」。因為如果照上面改編後的設定來看，我們知道答案不是上述這兩種，答案是只有一種雞，他可以生金蛋也可以生白蛋。

所以這項工具讓我們創造了一個例子，它無法用邏輯思考來解決！

這可以讓我們更深入的去思考：當我們看到一隻雞生了一顆「金蛋」的時候，許多人會說：「那是生金蛋的雞」。

而你會知道：「他不只是一隻生金蛋的雞，他還會生白蛋。」（真相並不是「是非題」）

### 真實 VS. 幻象

在這邊先提一個簡單的問題：如果你想騙過一個人的眼睛，你會選擇用「和真的差很多」還是「和真的很像」的東西去騙他？

例如你想讓一個人「在馬路上看到一隻熊」，我想你不會用一隻貓或一隻兔子，至少你會選擇體型上「和熊差不多大」的動物，或是顏色、外觀看起來很像熊的布娃娃等，否則應該騙不到人的。

這個觀點，我想應該不難理解。

那麼有趣的就來了，許多人對開悟、成佛、成道的認知是這樣的：

因為「色、聲、香、味、觸、法」都是幻相、「凡所有相，皆是虛妄」，所以在神佛的世界、天堂世界，沒有「色、聲、香、味、觸、法」這些元素。

也就是說，神佛沒有顏色（外觀），也聽不到聲音、聞不到香味等等。開悟的世界裡，就像什麼都沒有一樣。

這樣的觀點是對的嗎？

其實這個觀點是基於簡單的「二分法」的推理結果。

但是，如果我們身處在「幻象」之中，並且我們成功的被騙了，我們以為「色、聲、香、味、觸、法」都是真的，

那麼，根據我提出來的觀察：「人只會被和真實很像的東西欺騙」，你就會發現，真實世界應該也要有「色、聲、香、味、觸、法」的！

也就是說，真實世界（量子世界、神佛的世界、天堂世界）有神聖色彩、神聖聲音、神聖氣味等。（神的本質應該包

羅萬有，一個不包含顏色、外形元素的神，如何創造一個五顏六色的世界？）

套用「生金蛋的雞」來解釋，真相其實是包含著你所認知到的那兩個部分（黑、白；金蛋、白蛋；有色、無色）的第三個狀態，也就是前篇多次談到的「量子狀態」。

這個真相代表的意義是：你現在就可以想像天堂世界是什麼樣子的，它可能和你以前所想的不一樣。天堂世界和我們的現實世界差距可能沒有你想像的那麼大，例如在外觀上，它可能和現實世界有許多相似之處。


### 解析三維幻象世界

關於維度的概念，我們在下一篇〈1-8. 對於創造，1和100並無不同〉將會更多的討論到。

我們的世界一般所謂的「意識」，是以「左腦」的清醒程度來判定的。而「左腦」的清醒，對於靈性、開悟的觀點來看，卻是沉睡中，我將解釋如下：

我們知道，左腦的功能在於記憶、邏輯推理等方面（這些都是從小到大的教育所強調的：語文強調背誦、數理科強調計算、推理）。

我們的教育（所謂的填鴨式教育）是強化左腦的教育，為什麼會是這樣呢？教育專家們可能會認為，這是政府沒有好好讓「教育」發揮應有的功能。

但我的觀點可能會令你吃驚：左腦的教育很精確的，就是他們想要的方式！（They know what they exactly want!）

這是因為，左腦「意識」正是維持這個三維世界幻象（母體，The Matrix）的機制。

精確的說是：透過我們每個人的左腦「意識」形成的集體意識來維持這個幻象世界。

　　我們可以在一些靈性的書籍上看到「小我（ego）」這個詞（例如：《老神再在》系列）；而在《太傻天書》中使用「大腦病毒」這個詞來表示。它就是指我們的大腦，並且指的是運用邏輯思考能力的那個部分（也就是說，精確來說，是指左腦），是在我們腦中的幻象維持機制。

　　我們在〈2-2. 關於「內在」，一切都與感知能力相關〉那篇提到，瓦解三維世界的幻象最好的方式，就是和自己的大腦（左腦、小我）很和諧的一起運作。

### 如果降低左腦「意識」，會發生什麼事情？

　　在下方的圖中，我們看到腦科學對於腦波頻率（左腦）有如下的定義：β波（清醒態）、α波（放鬆態）、θ波（冥想態）、δ波（睡眠態）。

　　我們可以看到，當腦波頻率（左腦）下降至α波（放鬆態）會產生幸福感，以及更多的創意；而當腦波頻率（左腦）下降至θ波（冥想態）時，會出現一些神祕的現象（也就是氣功、冥想時展現的一些現象）。

　　從上面的觀察可以發現腦波頻率（左腦）愈低，靈性意識水平反而愈高。（也就驗證了左腦是三維幻象維持器的推論）

小我 (ego)

| (大腦/左腦)腦波頻率 | 意識狀態 |
|---|---|
| β波：14～30赫茲 | 壓力波：意識清楚 |
| α波：8～13赫茲 | 放鬆波：幸福感、創意（降低1等級） |
| θ波：4～7赫茲 | 佛陀波：冥想（降低2等級） |
| δ波：0.5～3.5赫茲 | 無意識：深沉睡眠 |

腦波（左腦）頻率與意識狀態的關係

那麼最下面那一個「無意識：深沉睡眠」的狀態又是怎麼一回事呢？這部分如果你有興趣的話，可以自行尋找相關的靈性資訊來理解，相信你不難找到關於「睡眠時，意識去了哪裡？」的答案。

腦波頻率（左腦）降低時，取而代之的是什麼？是右腦？或是其他部位發揮作用？

網路文章：你是左腦人還是右腦人？超棒的測試，一定要做！

從這個實驗可以看出，有些人善用右腦。

右腦擅長處理「本質」，例如有一題給你五個字「紅、綠、紫、藍、黃」，並且五個字的顏色跟字本身的意思是不同的，而使用右腦的人就會先看到顏色本身，而不是字面上的意思。

文章中也提到右腦注重全局（整體）、跳躍式思考、並具有過目不忘、直覺、先知等驚人特性，符合我們期望達到的更高境界。

如果你開始嘗試降低左腦腦波，讓自己處在 $\alpha$ 波（放鬆態），也就是發呆的狀態，那麼你就是在減少三維幻象世界的真實性。

你的視覺、聽覺可能會短暫的遠離這個世界，讓自己得到心靈上的平靜。

如果你經常這麼做（降低腦波），你所體驗到的三維幻象世界會漸漸消失，也就是你會開始發現世界有一些「很奇怪」的地方，漸漸的，整個幻象就會破除。你的「意識狀態」就會脫離三維幻象世界，而進入高維度世界。

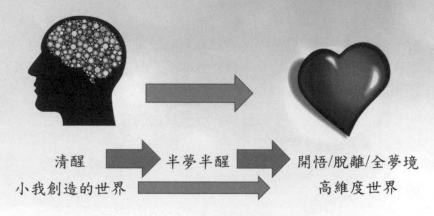

降低左腦腦波，同時也減少小我（ego）創造的三維世界的真實性

### 意識超越三維幻象世界，即能分辨真假

如果你和一個意識處在三維的人說到「真相是兩個面向同時存在」，對不起，他是無法接受這樣的概念的，因為三維世界的特性就是「二元性」。

二元性代表「分裂」，也就是執著於幻象（把黑、白其中之一當成真理），和本文所強調的「整體論」不同。如果一個人選擇相信「分裂」，那麼他就不會相信「合一」，除非他的意識提升（經過上面的討論，意識提升，也就是腦波降低）。

當然，一個人是否要提升意識，完全看個人意願，而方法就只是去放鬆、處於發呆狀態。

意識提升的好處，也包括能分辨「真實」及「幻象」：

如果你能理解「生金蛋的雞」所帶來的含義，你將不容易被三維世界的「二元性」所欺騙。

而如果你能「實實在在的感覺到合一」：你感覺到你和其他人是相連的（當別人受苦時，你看著也會感到痛苦）、你

感覺到你和其他動物是相連的（你對他們好，他們也會對你好）。

甚至你感覺到，你的心情和天氣有關、和你當天運氣好壞有關等等。

那麼這時候，你靠「感知能力」就可以分辨真假。

### 世界中的三維幻象維持器

在〈1-5. 信念創造〉我們提到，負面信念是以複雜的「人工」方式植入；而本篇提到強化左腦的「填鴨式教育」目的就是維持三維幻象世界，避免覺醒的發生。

如果這些是對的，在世界上應該可以找到一些「三維幻象維持機制」才對吧？

在《新楓之谷》的劇情中，有一段是描述一個「人為操控的夢境世界」，並且在那個世界有個叫做「音樂盒」的東西，是維持夢境的機制。

那麼，在現實世界也有這樣的機制嗎？

我們既然知道腦波頻率（左腦）和三維幻象（母體，The Matrix）有關，那麼就不難推論出來：將左腦維持在緊張狀態、$\beta$波（清醒態）的機制，就是像「音樂盒」一樣的「三維幻象維持器」。

例如：救護車、消防警報器的聲音、市內電話鈴聲、汽機車以及大型車輛的喇叭等。

（關於「三維幻象維持器」，我們在〈2-7. 跳脫一個狀態，就不會受到影響〉將會更多的討論）

### 如何破解三維幻象？

我們可以使用的方法，在《銀河光之家族》一書中，稱為「三角合一」，它是提升意識的鑰匙。

《銀河光之家族》1-27救贖技術

它的概念是：

如果你陷入幻象之中，表示你把它當成真實的。在三維幻象世界，也就是把二元性（非黑即白）當成唯一真理。

那麼破解方法就是，找到另外一個立足點，也就是一個在二元性之外（既不是金蛋，也不是白蛋，而是金蛋白蛋共存）的一個點。

當你站在這樣一個點，你將可以很客觀的看待二元性的兩個面向，而不會把任何一邊當成唯一真理。

當你做到這一點，我們會說你是「脫離執著」或是「合一」的狀態，也就是達到真正的自由。

你可以對生活上的任何事，去做這樣的練習，它的影響將會是巨大的。（我們將在〈2-7. 跳脫一個狀態，就不會受到影響〉繼續探討）

# 8. 對於創造，1和100並無不同

這一篇我們來討論「創造」與「顯化」，有些人想要很多的金錢，有些人想要一輛車，有些人想要一段美好的關係，有些人想要事業上的成功。

當然，還有很多很多，是我們在這個世界上可以創造的。如果你了解「創造」的原理，是不是就可以隨心所欲的「顯化」你想要的體驗了呢？因此，我們就開始吧。

### 創造與創造者的基本觀念

在本篇中談論「創造」，會討論到兩種角色：「創造者」及「體驗者」。

「創造者」就是去「創造」與「顯化」的那一位；而「體驗者」就是去接收「創造者」所顯化的禮物的那一位。

這兩位都是你。「體驗者」就是具有肉身的你，而「創造者」就是你的靈性、具有創造力的那個部分。當這兩位很協調的互相配合，創造的進行就會很順利。

對於「體驗者」來說，「創造」與「顯化」就像是用魔法變出你想要的東西。「創造」是魔法，而「顯化」是東西被你變出來。而本篇將著重在「創造者」的角度，來討論「創造」與「顯化」。

從根本上來說，「創造」與「顯化」是神在做的事，因為神是世界的「創造者」。

那麼，你是神嗎？或者，你想走神（創造）的道路嗎？

（不管你回答Yes或No，都沒有對神不敬的意思，不需要擔

心。事實上，神就像你的父母一樣，希望你給他一個擁抱，而不是向他下跪。）

先前我們談論過集體意識的觀念，神是世界的集體意識，所以有很大的創造力。（在《新楓之谷》遊戲中，世界的創造者被稱為「超越者」）

但是，你也是集體意識，你由身、心、靈組成（你也可以說，由細胞組成），所以你跟神在本質上並沒有不同。只要了解「創造」與「顯化」的原理，你當然也可以創造出你想要的體驗。

在《駭客任務1》中，先知（The Oracle）告訴救世主尼歐說：「當救世主就像談戀愛一樣，沒有人能告訴你你戀愛了，但你就是知道，全身上下都知道。（Being the one is just like being in love. No one needs to tell you you are in love, you just know it, through and through. Balls to bones.）」

也許你知道「吸引力法則」：

《祕密》The Secret 朗達・拜恩（書及影片）

你可以利用「吸引力法則」，來創造你要的體驗。每個人都可以從原本的狀態，力量覺醒而成為神（創造者）。

關於「創造」與「顯化」，你可以從上面的《祕密》影片（或許多靈性相關的書籍、文章）發現到，「情緒」在創造與顯化的過程中，是占有主導的地位的。

也就是說，基本上，你的情緒決定了你的「創造」是否成功。（也可以說你的情緒決定了你實際體驗到什麼類型的事件）

情緒波動有喜、怒、哀、樂等類型，它們會讓你體驗到對應的事件。在還沒有融合（合一）之前，喜悅、歡樂以及憤

怒、哀傷總是交替出現，可以說是互相包含著。

當情緒融合之後，喜不再是原來的喜、怒也不再是原來的怒，以此類推，它們的波動會比較柔和。在這樣的情況下，你將會是一個較為穩定的創造者，顯化的速度將會更快且穩定，不會常常顯化你不想要的體驗。（「情緒」是靈性的重要話題，這邊暫時打住，我們將在〈2-5. 自我對話是讓事情平順的關鍵〉及〈2-7. 跳脫一個狀態，就不會受到影響〉繼續探討）

### 創造是像魔法一樣突然變出某樣東西？

在〈1-4. 處於量子狀態，才是真正的自由〉一篇中，我們談論到「水流」和「螺旋」。

創造不是突然無中生有，而是一個「螺旋」的過程。

在這邊，我提供本篇的第一項視覺化的工具，「銀河系螺旋圖」：

我想，從這張圖可以很明顯看到，創造過程是從銀河中央、源頭（The Source）向外螺旋擴張。

也就是說，創造不是「無中生有」，而是「把你擁有的分享出去」。

銀河系是如此，星球或星球上的生物也是如此，當然我們也包括在內。

「如果這是對的，那我要怎麼理解，吸引到一輛車的過程？」

我想，這關係到很多人為什麼無法吸引到他們要的體驗（例如吸引一輛車）。

要解釋這一點，我們需要第二項工具，「堆積木」：

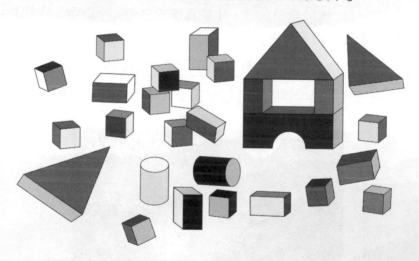

「如果創造其實是分享自己擁有的，那到底創造是怎麼一回事？」

首先，我想請你站在神的立場思考一下：你是永恆的生命，並且是包羅萬有的。在這樣的情況下，你會想創造什麼呢？

對於這個問題，你的答案是什麼呢？

我的答案是：神想創造的是「體驗」。神想創造一個世界，同時想要進去世界裡面做為個體來體驗自己的創造。

因此，這就是「堆積木」的含義了。

我們看到小朋友們在堆積木時開心的表情。（跟神在創造世界的表情應該很相似）

大人們會很奇怪，小朋友堆積木，又沒有「創造」出新的東西，堆來堆去還是那一堆積木。

但是小朋友們用積木堆出一座城堡時非常開心，他們可能又用積木堆出幾個人，從城堡的門走進去玩。

也就是說，小朋友們堆積木，他們創造的是「體驗」。（這也是本書取名為「靈魂覺醒與生命體驗」的原因之一。）

現在回到上面的問題：「如何理解吸引到一輛車的過程？」

綜合一下上面的討論，你需要認知到：

1. 你是神，你是永恆的、包羅萬有的。

2. 你想創造的是「體驗」（而不是變出一輛車）。

3. 創造是「把你擁有的分享出去」。

也就是說，請試著站在神的立場（狀態）來思考，你會發現是這樣的：

「我其實原本就擁有這輛車（有什麼不是我原本就擁有的呢？），我只是去創造一個體驗，讓這輛「原本就屬於我」的車出現在我面前。而我創造這個體驗的方式，是基於愛與分享，也就是說，跟這個體驗相關的人、事、物都會從中獲得利益。」

當你這樣想，你是否感覺到，「吸引一輛車」不再是那麼抽象、遙不可及了呢？

**創造過程（空間）**

從上面的「銀河系螺旋圖」，我們了解到創造過程是從源頭（最高維度）以螺旋的方式擴散（分享能量）到較低維度。

到了我們的地球，是三維世界，維度相當低（我們所在宇宙的源頭可能是十二維度或更高），屬於物質的層面。

也就是說，創造的螺旋是不斷的降低維度，最後才到物質層面。也就是我們所說的「顯化」，真正變出來是在物質層面的意思。

在數學上，這種降低維度（降維）的概念，被稱為「投影」。

我們一般所能認知的空間只到三維空間（例如立方體），而四維空間是什麼呢？好像很難想像。

網路影片：Tesseract（四維超立方體）

我們很難想像有什麼樣的物體可以包含、投影出立方體，並且又可以自由的變化圖形（因為多了一個維度）。那麼，這個影片可以初步讓我們看到，它確實可以存在。

以神的角度來看，創造的螺旋在降低維度（螺旋下降）的過程，也就是在顯化神所包含的某些面向（例如慈悲、智慧等）。

**創造過程（時間）**

時間在大多數人們的觀念中，是時鐘上的數字（幾點幾

分）。並且我們有個世界時鐘，不同時區有不同時間，但是可以轉換。

這讓人們有個錯覺：這個世界（地球）有一個統一的時間。

愛因斯坦在他的「相對論」中，已經提出了時間、空間是「相對的」的概念。

實際上，每個人在不同狀態的「時間感」其實也不相同。有時候，時間過得特別慢（特別是在等待的時候）；有時候時間過得很快（特別是在玩樂的時候）。

而如果一個人處在發呆、靜坐、冥想狀態，或是神遊，可能會體驗到時間的突然流逝（例如咻一下一個小時過去了）。

從這些經驗，我們都可以得到一個觀察：時間其實是很個人的體驗，每個人的體驗不盡相同。

對於「創造」，時間代表的是「顯化」過程的快慢。

將一個創造顯化到物質層面，可能需要很長時間，也可能很快。無論如何，它仍然不是突然變出來，而是經過 個創造的螺旋而來到物質世界。

創造過程的快慢（時間）是一個相對的感受，每個人的感受並不完全相同。同一個人多次體驗同一件事，每次感受到的時間也未必相同（如果你不去看時鐘的話，就可以體驗到）。

### 如何用「吸引力法則」實現願望？

經過上面的討論，當你想創造一個體驗時，你知道你的創造需要時間來顯化。那麼你需要做什麼事，才能讓你要的體驗順利被「創造」出來呢？

這邊我們提供第三項工具，「船的掌舵手」：

想像你是一艘船的掌舵手，你想把船開到遠方的某個目的地。

那麼你所能做的事就是：調整方向盤，讓船持續開。

在〈1-4. 處於量子狀態，才是真正的自由〉中，我們提到在「量子世界」，你可以稍微決定螺旋的方向。這就是在創造的過程中，你所能做的、以及你所需要做的事。

你不需要完全靠你的雙手，不需要一下子做全部的事，而只是開始一個螺旋的過程，並且享受等待願望的實現。

做為一個掌舵手，你只需要確定船的方向正確，那麼在未來的某個時間點，船總是會到達目的地。

因此，關於創造，要讓船的方向正確，最重要的是：

1. 清楚你要創造什麼

2. 清楚你的動機（為什麼要創造）

當你習慣這個過程，你將會感受到：對於創造，1和100並無不同。

我們享受創造的「過程」，而不是當最後成品「顯化」出來，我們才感到驚喜。

　　許多人學習了「吸引力法則」之後，用它來「顯化」自己想要的「物體」，並只專注在最後的「成品」是否有被顯化出來。

　　通常來說，這樣的結果很容易令人失望。

　　即使最後有顯現出來，讓他們感到「又驚又喜」。

　　我們當然也會很喜悅的看著自己的「創造物」，並讚嘆它的美好。

　　但是，如果你能熟悉「創造」與「顯化」，並習慣當一個「掌舵手」，享受創造過程的樂趣，相信你會得到更多。

　　你可以用更輕鬆、更優雅的方式，總是顯化你想要的體驗，並與宇宙潮流同步。


**堆積木，堆出一隻貓，貓是真的還是假的？**

　　對於這個問題，我的答案會是：是假的，但同時也是真的。

　　創造只是為了獲得某個體驗，如果你想要（需要），你可以隨時重覆體驗，而體驗是真實的。

　　你的創造物只是為了體驗而暫時堆出來的形狀，因此它是假的（幻象）。

　　我們已經很習慣把這些積木堆出來的東西當成真的，因此常常無法接受它們消失、或變化成其他東西。

　　但其實你隨時可以重覆體驗你想體驗的，只要你確實知道這點，就會比較容易放手，放心的讓堆好的積木（貓）變回積木。

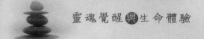

「我可能之後會忘記之前堆了什麼、或是怎麼堆出我喜歡的東西。」

關於這個問題，神也同樣會遇到。因此，一項科技被發明出來，將所有體驗記錄下來，並隨時可以重覆播放、重覆體驗。它是波薩羅格斯圖書館（Library of Porthologos）、或稱為亞歷山大圖書館。

我們人類也發明了拍照、錄影技術，只要善用它們，也可以做到記錄、重覆體驗的功能。

### 誠實的面對自己

有些人認為使用「吸引力法則」是要去假裝，假裝你已經得到一輛車，然後假裝很開心。

請注意，你是沒辦法欺騙你自己的。

在〈1-6. 一個實驗：讓潛意識接管全身〉，我們提到你的內在有一股力量，它了解你身體的需要，能幫你治療身體上潛在的問題。

那個存在是你的靈性（神）的部分，他同樣也了解你心理上的需要，並且具備幫你實現願望的能力，你會想要去欺騙一個這樣的存在（神）嗎？

有些人並不真的知道他們需要什麼。（指理性、頭腦的部分，而不是靈性、神的部分）

如果你在「吸引一輛車」的過程中，因為已經感到很滿足了，到最後你感覺到「你並不需要真的有一輛車」，那麼請接受這樣的感覺，而不用因為車子沒有變出來感到失望。因為這樣的你，也許其實需要的是其他東西，而不一定是車子本身。

當你真實的面對自己的感受，真實的做自己，你的靈性（神）的創造力將會完全發揮出來。

如果你在過程中發現，「你其實沒有那麼想吸引一輛車」，同樣也請你接受這樣的感覺，因為對別人來說很重要的東西，對你來說不一定很重要，不需要跟隨潮流、或完全聽從別人的意見。

如果你發現，「你其實並不知道你想要什麼」，而你接受這個感覺，那麼你仍然是走在對的方向，因為你「誠實的面對自己」，只要繼續往「做自己」的方向走，將來你一定會找到你想要的東西。（我們將在〈2-5. 自我對話是讓事情平順的關鍵〉繼續討論）

當你誠實的面對自己，慢慢的會有「轉向內在」的傾向。也就是從「物質的慾望」轉向「心靈的渴望」，那時你對外在（物質）的需求會愈來愈少，做事也會愈來愈不費力。

## 「創造者」與「體驗者」是兩種不同狀態

「創造者」專注在創造螺旋的顯化過程，也就是說，決定並保持正確方向，近似於一個「單純存在（being）」，而不是去做事（doing）」的狀態。

「創造者」同時也處在關注「整體」，而不是關注「個體」的狀態。（就像軍隊在打仗時，將軍沒辦法太專心在一個士兵受傷的處理一樣）

而做為一個「體驗者」則剛好相反，他專注在做事（doing）；並且專注在個體。（我們都是做為一個神的體驗者存在這個世界）

但是事實上，「體驗者」對於「顯化」一個願望而言，實在沒有什麼可做的事。

一個人愈是機關算盡，想要去得到一樣東西，那麼他就愈是得不到。

做其他的努力，效果也是有限的。（通常是幫倒忙比較多）

因此，做為一個「體驗者」，最協調、最好的方式就只是「感恩」、「接納」自己靈性（神）部分從天上丟下來的禮物。（那是你給自己的禮物，而不是另一個「高高在上」的神給你的，請不要以下跪的姿態接收、或是祈禱。）

如果你有興趣做為「創造者」（神），那麼你將會漸漸減少做為「體驗者」的狀態，因為如此你才能專心創造。

如果你想去體驗個體，你可能會發展出一種以「半創造者」狀態來進行體驗的方式，而這種「半創造者」是稍微像一個沒有那麼入戲的「體驗者」的狀態。


### 創造出黑暗怎麼辦？

首先，關於黑暗（負面的想法、負面的創造力、例如憤怒、悲傷、忌妒、因恐懼產生的暴力等），它們是自由意志顯化的一個結果。

「自由意志」是神的一個偉大的創造，讓人們在一個世界裡可以自由的去體驗自己想做的事。

為了創造「自由意志」，產生了隨機性（不確定性）的世界，也稱為混沌（混亂）、黑暗。

相對於神是光明，非神的部分就沒有光而成為黑暗。但實

際上不可能真的沒有光（能量），也就是說，所謂的黑暗也是一種光（較暗的光），是低頻率能量所扮演的。

地球是在這個「自由意志實驗」的世界，所以隨機性、混亂、黑暗是主導力量；當然，同時也有光明的力量存在，因而造成「二元性」的存在，凡事都存在著兩個面向。

關於這個真相，在《銀河光之家族》一書中，有著更多的說明。（關於隨機性、黑暗本質的討論，預計在下一本書討論。）

在這邊只簡單說明，對於黑暗，我們不要因為害怕而逃避它們。事實上，我們就是來學習、掌握黑暗，並融合黑暗而達到合一的。

當你愈是面對黑暗，並把它們當成你的一部分（認識到那些黑暗的確在你之內），這時黑暗就不再是本來的黑暗了，它們會被融合。

而當你感受到黑暗、或者有一些黑暗的想法時，不需要太擔心，因為「未被顯化的黑暗是無害的」。

如果你顯化了一些黑暗，你也可以再去處理它們，把它們融合。例如，你和朋友吵架了，那麼你需要做的就是「自我對話」，原諒自己與對方，而不要讓這件事（這個能量）一直卡在你的體內，這可能需要持續一段時間才能完成。

當你處理（融合）了一點你的黑暗，你的人生就往成功更加邁進一步。

因此，「融合黑暗」是一項非常值得投資精力去努力的事，它會讓你很快速的達到「心想事成」的狀態。

重要觀念整理如下：

1. 你是「創造者」，同時也是「體驗者」。

2. 你可以利用「吸引力法則」，來創造你要的體驗。每個人都可以從原本的狀態，力量覺醒而成為神（創造者）。

3. 你的情緒決定了你的「創造」是否成功。情緒波動（喜、怒、哀、樂）愈劇烈，你的體驗也就愈極端（不是大好就是大壞）。情緒穩定，是成為「創造者」的一個重點。

4. 銀河系螺旋圖：創造不是無中生有，而是一個「螺旋」的過程，把你擁有的分享出去。

5. 堆積木：你（神）想創造的是「體驗」。

6. 船的掌舵手：你只需要確定船的方向正確，那麼在未來的某個時間點，船總是會到達目的地。（對於創造，1和100並無不同。）

7. 當你真實的面對自己的感受，真實的做自己，你的靈性（神）的創造力將會完全發揮出來。

8. 做為一個「體驗者」，最協調、最好的方式就只是「感恩」、「接納」自己靈性（神）部分從天上丟下來的禮物。

9. 「融合黑暗」是一項非常值得投資精力去努力的事，它會讓你很快速的達到「心想事成」的狀態。

## 9. 愛就是連結萬物

本篇的主題是「愛」，談到「愛」，許多人可能會想到的是「男女之愛」、「親子關係」等，有些人也許有喜歡的動物；有些人也許喜歡旅遊、吃美食等。

而在靈性領域談到的「愛」，像是「無條件的愛」、「聖愛」（神聖的愛）等，對許多人來說會是比較陌生、抽象的。

因此，本篇我們來討論關於「愛」的本質，到底什麼是「愛」？

也許你會猜，我會花很多的篇幅來定義什麼是「愛」。那這次可能要讓你失望了，因為這篇是唯一我不需要使用比喻法工具的一篇。

「愛」的本質是什麼？「愛」就是連結萬物，是人的本能、天賦。

請看以下的圖片：

如圖，是否很簡單呢？

人與人之間的「愛」是把人與人連結起來，人也可與動物透過「愛」來連結。而動物、植物之間也有著許多「愛」的連結，人也可以連結植物和礦物、與大自然結合。

### 「愛」就是連結，連結就是「愛」

（特別說明這點，是為了讓觀念清晰）

我們知道「愛」就是連結，所以只要是連結，就是「愛」嗎？

我想，答案很明確，是Yes！

從上面幾個圖，我們可以看到，什麼是連結呢？連結就是奉獻自己（的身體），把自己獻給對方，它代表的是一種全然的接納、信任、共享。（這在現今的社會，很難做到不是嗎？）

### 愛的連結，是一種強大的力量

和你一樣，萬物都帶有能量。當你與其他人、動物、植物、礦物、大自然用「愛」來連結時，會產生一股更強大的力量，因此，古語（易經）有云：「二人同心，其利斷金」。

在一個團體中，如果成員之間向心力很強，代表的是成員互相信任、並且互相幫助（也就是用「愛」與成員連結），這個團體的戰鬥力（效率）會非常強。

你是否經歷過遇到困難而感到無助的情況呢？

在這種時候，如果有和你互相信任、互相幫助（用「愛」連結）的人和你一起，是否會比較放心呢？

因此，人們都需要「愛」的連結。

困難不是問題，挑戰並不可怕。

可怕的是人與人之間的疏離。

反過來說就是，沒有什麼是「愛」無法克服的難題。


### 禮儀教育使人們斷開連結

還記得我們從小的教育是怎麼教導我們的嗎？

「非禮勿言」、「非禮勿視」等，使我們害怕與人「眼神對看」（會覺得不禮貌），更不用說身體上的接觸了。

這樣的禮儀習俗使人們斷開「愛」的連結，使我們都失去了「愛」的力量，這樣的損失難道不大嗎？

甚至也許有人會問：難道和人眼神對看、身體接觸本來是正常的行為嗎？

對於想找回「愛的力量」的你，我想建議你觀察一下大

人、小孩、和動物之間行為上的差別。

如果你用眼睛去看一個大人，他通常會覺得很不安、不舒服。

但是小朋友就比較不會，有較多的小朋友是願意被你看的；同樣的，動物也和小朋友的情況一樣。只要不是曾經受過不好的對待的小朋友、動物，就會願意跟你玩「眼神對看」的遊戲。

也就是說，一般來說，大人被這個世界汙染的情況比小朋友嚴重。（教育、社會習俗等）

當你使用「眼神對看」，你就是在用「愛」做連結。

這項技能很方便，會讓你可以很容易和人（小朋友）、動物做連結，讓對方感受到你的「愛」，通常對方也會以「愛」來回應。

## 感應對方的來意

很多人都有很強的直覺能力，當對方「來者不善」時能察覺出來，即使對方沒有說話。

而曾經遇過、經常遇到「來者不善」的人，通常會比較自我保護，也就是傾向小心謹慎，避免自己再受到傷害。

如果你是屬於這樣的人，那麼我的建議會是：如果你希望找回「愛」，能不能再多給自己一些機會呢？也許結果會和以前不一樣。當然還是可以相信你的直覺分辨能力。

而如果你遇到的對方是比較自我保護的人，也請你體諒他，他並不是討厭你，他只是還沒走出過去的陰影，也許你就是那位可以幫助他走出陰影的人？

### 使用「愛的連結」的原則

實際上，「愛的連結」沒有什麼原則，每個人都有自己連結的方式。

並且，每個人都有適合自己的接受被連結的方式。

我個人比較喜歡的方式如下，如果你認同，也可以採用：

連結：尊重對方、給對方選擇的自由。

被連結：被尊重、有選擇的自由。

拒絕連結方式：先忽視它，如果對方糾纏不清，會明確的說「不」。

### 「聖愛」與「情愛」

在靈性書籍、文章上可以看到「聖愛」、「無條件的愛」（Unconditional Love），也就是本文的「愛」的意思，與萬物做連結。

我也介紹了連結的方式，它很簡單，並且可以廣泛使用，對你自己、被連結者、以及整個世界都有幫助（整體論不就是在說，所有的一切都是一體的嗎？）

那麼這樣的「愛」，和男女之間的「情愛」有什麼不同呢？和親子之間的愛又有什麼不同呢？

關於這個問題，我的答案是：

對於建立連結這一點來說，沒有什麼不同，它們是同樣的「愛」，都是奉獻自己，把自己獻給對方。

但是差別在於，一般的愛，是「有條件的愛」。

條件是什麼？例如男女之愛是：因為你是那位「我喜歡的

人」，所以我願意奉獻我自己。

親子之愛是：因為你是我的親人（自己人），所以我願意奉獻我自己。

那麼「聖愛」是要我們去愛「我不喜歡的人」、以及「別人」（不是自己人）嗎？

如你所知的，答案是No！

學習走向「聖愛」，其實和學習走向「合一」、「整體」是相同的概念。也就是去擴增自己「喜歡的人」、「自己人」。

你也許有喜歡的人、喜歡的動物等，只要看到他們的優點、可愛之處，你就容易喜歡他們。

你也許有一些「自己人」，例如家人、最要好的朋友等，你覺得可以完全的信任他們。

當你走向「愛」，更多的去連結，你喜歡的人、事、物就會更多，並且你信任的人、事、物也會更多，這樣你就會更接近「無條件的愛」。

當你更多的去「愛」時，你也會收到更多「愛的禮物」，這樣不斷的良性循環，你的人生就會愈來愈順、愈來愈美好。

## 「愛」是高頻能量

當你處在「喜歡」、「信任」的狀態時，你散發出的頻率是高頻能量，周圍的人也會感覺到，他們也會「喜歡」、「信任」你。

因此，如果你愈多的處在「愛」的狀態，你就累積愈多的正面能量。

而當一個人不是處在「愛」的狀態時，例如沮喪、生氣、不開心等，那時的你，會沒辦法進行與「愛」相關的動作，能量處在低頻狀態，周圍的人也會感覺到，在那時，他們對你可能會有戒心。

例如在會議中，因為意見不一致而爭吵；父母大聲的訓斥小朋友；一板一眼、嚴肅、按規定來等等，這些都是低於「愛」的頻率的表現。

在這些情況時，如果有人展現「愛」的頻率，就可以化解爭端、起到緩和氣氛的作用，讓原本是問題的那些事、那些想法，在一瞬間融化掉、消失掉，可見「愛」的能量是相當強大的。

### 將「有條件的愛」昇華為「無條件的愛」（聖愛）

「有條件的愛」常常伴隨著痛苦、苦難，例如無法見到你所愛的人，思念對方時，會感到痛苦。

許多人不知道的是，當你在「愛」的時候，其實對自己是有療癒的作用的。也就是說，處在「愛」的狀態，就是在療癒自己的身、心、靈（愛自己）。

那麼，「有條件的愛」也就變成「在某些條件達成時，我才要愛自己」。

這樣，一個辛苦的人生劇本就產生了。

所以其實這種痛苦只是因為「愛」是我們的本能，而當你不能「愛」時（不能處在「愛」的狀態）就自然而然會是痛苦的。

例如一年只能相見一次的兩人，是痛苦的，因為在一年365天當中，有364天不能處在「愛」的狀態，「愛」的比例實在太

低了。

　　但是，有不少人對於這種「非常稀有的愛」相當著迷。（這也是這個世界──地球的特產）

　　「非常稀有的愛」造成什麼樣的問題呢？也就是它使「快樂」與「痛苦」兩個端點（極性）的反差變的很大。

　　也就是說，一個人愈少處在「愛」的狀態，那麼「愛」對他來說就愈稀有、愈珍貴，體驗到的時候會非常開心（像上了天堂一樣），而不能體驗到的時候會非常痛苦（像下了地獄一樣）。

　　但是，因為他們在體驗「非常稀有的愛」，所以很明顯的，大部分的時間都處在「沒有愛」的狀態，也就是大部分的時間都是很痛苦的。

　　而「無條件的愛」（聖愛）又如何能解決這樣的問題呢？

　　這樣的愛，又為什麼叫做「無條件的愛」呢？

　　如果一個人願意主動更多的去建立「愛的連結」，那麼「愛」在他的世界就不會非常稀有，他就可以融合「快樂」與「痛苦」兩個極端狀態，使得「快樂」更常被體驗到，那麼「痛苦」的程度就會下降許多，最終完全消失。

　　也就是說，等待某個條件達成才去愛，是「有條件的愛」。

　　不等待而主動去建立連結，是「無條件的愛」。（你願意無條件的愛自己，無條件的讓自己處在愛的狀態嗎？）

　　要進行「愛」的連結，方式很簡單，如上述以一個眼神就可以做到。另外，在心裡送出「祝福」給對力，例如「祝你天天開心」，也是一個很好的方式。發送祝福，是沒有距離限制的，你可發送給親人、愛人、朋友、路人甲、電視上看到的

人、或甚至在另一個世界（死亡）的人。

### 「愛的連結」是構成宇宙的要素

「愛」常常被認為是一種抽象的概念，很多人可能很難想像，「愛」可以在物理學被討論，或是被看到。

那麼這篇研究可能會讓你大開眼界：

網路文章：【我們的宇宙是如何連接的】《連接銀河系和其他星系的巨大宇宙絲狀物》

人類可能已經可以觀測到宇宙中「愛的連結」了，從圖中（雖然沒有很明顯）我們可以感受到為什麼「愛」的力量會很強大，因為它把萬物（星系）連結在一起，就像用繩子把物體繫在一起可以增加它的結構力一樣。

因此，嘗試用「愛」去建立連結吧，去創造屬於你自己的連結網路、你的世界。

在那個世界裡面，你會是強大的。

宇宙絲狀物示意圖

# 10. 只是存在而不做任何事，
## 代表在意識層面完成它們

本篇將談論關於「整體論」（水流、能量流）更進一步的理解，讓你更加知道如何與「整體」（大自然）一起工作，而達到事半功倍的效果。

許多人如果聽到「只是存在而不做任何事」，一定無法理解而會問下面這個問題：

「如果什麼都不做，事情有可能自己完成嗎？」

而這個問題之所以重要，是因為它關係到我們如何能「更輕鬆」的去創造我們「想要的」生活、我們「想要的」世界。

在開始我們的討論之前，同樣先提供本篇的工具：「如魚得水」。

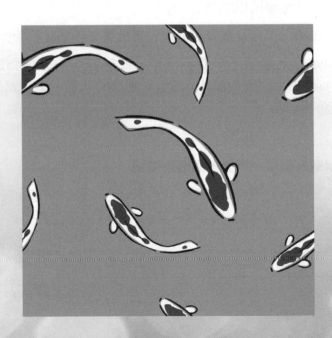

「如魚得水」的典故，相信很多讀過「三國演義」的朋友知道，劉備曾說：「吾得孔明，猶魚之得水也。」。

曹操也形容劉備：「劉備人中之龍也，生平未嘗得水。今得荊州，是困龍入大海矣。」

所以「如魚得水」就是形容一種「很順」的狀態。

為什麼「如魚得水」代表「很順」呢？魚不是本來就要在水中嗎？

所以這也就是說，你只要把自己放在一個好的位置，一個最適合你的位置上，就可以達到事半功倍的效果。而那個位置，其實只不過是你本來就應該在的位置（就像魚在水中一樣）。

也許你也曾經有過這樣的經驗：當你「狀態好」的時候，做什麼事都「很順」；但是當事情一出錯的時候，開始手忙腳亂，跟著其他事情也出錯了。」

這種情況，有時很令人沮喪，不是嗎？

但是好消息是，只要弄清楚「狀態好」的原理到底是什麼，你就可以更容易的讓自己處在那樣的狀態，更輕鬆的去創造你要的結果。


### 狀態好與壞，需要透過觀察得到

許多人會去請算命師來幫自己算命、或是去廟裡抽籤。

這些方法也能看出自己的能量狀態，但準確性有時高，有時不高。

這是因為，能量狀態的好（順）與壞（不順），是和你的情緒有關的。當你心情好的時候，能量狀態就會好（順）；當

你心情不好的時候，能量狀態就不好（不順）。

關於這點我們可以這樣理解：當發生好事（順利）的時候，你心情就會好；當發生壞事（不順）的時候，你心情就不好。當我們倒果為因來看，就成為上面的描述。

而能量在量子世界是沒有這種因果關係的，所以可以倒果為因來看待。〔請參考〈1-4-1 處於量子狀態，才是真正的自由（後記）〉所提到的「時間單向」的新聞報導〕

也就是說，當你心情好的時候，你就是處在「狀態好」的情況。

但是，通常來說，當你真的在進行一件事的時候，很多時候狀態的好壞並不明顯，這就造成你會無法判斷你現在到底是不是「狀態好」。（這也表示很多情況你無法判斷你是不是「心情好」）

在這種情況下，找一件事來實驗，是較為可靠的方法。

玩個遊戲、試試手氣等方法，都可以做為那個實驗，讓你知道你「當下」的狀態好壞。

（這些方法，都只能做為參考，需要加入你自己的感受，才能綜合判斷。）

而知道狀態好壞之後，你就可以盡量讓自己只在「狀態好」的時候進行對你來說重要的事。


### 「狀態好」的原理：在「有愛」的環境狀態較好

如同在〈1-9. 愛就是連結萬物〉提到過的，例如遇到工作上的困難，像是無法完成的事、搞砸了一些事、無法得到你預想中的結果等等。在這些情況下，「愛」又會如何處理呢？

「愛」是力量、包容、和圓融：無法完成的事只要大家各自提供自己的專長或資源就有機會完成；搞砸了一些事，只要人們互相體諒就可以減少許多爭執；專注在好的大方向而不是固定、單一結果，就會更有彈性而能達成更多更好的結果。

以工作來說，如果你處在「沒有愛」的環境下，你就相當於一個人單兵作戰，而和你在同一個空間中工作的其他人，都像是你的敵人而不是朋友，大家都只能去拼自己的業績，你的感受會是孤單、無助、競爭、嚴肅。

而如果你處在「有愛」的環境下，你就相當於一整個團隊一起作戰，力量會是倍增的。你會因為有隊友可以互相照應而感到安心，你可以很放心的去進行工作，不用擔心自己的業績會出問題，這時你的感受會是溫暖、和平、有熱情的。

那麼，怎樣的環境是「有愛」的環境呢？

我舉一個簡單的測試，如果你在你的團體中可以「耍笨」（表現真實的你），那個環境就是「有愛」的。

### 在「沒有愛」的環境如何讓自己「狀態好」？

以結論來說，這答案顯然就是「轉換到有愛的環境」。

但是這件事很難一步到位，因此需要緩慢進行。

此時，最重要的一件事就是要了解，誰可以給你「愛」？

答案是「你自己」。

你會處在「沒有愛」的環境，一方面也是你自己沒有給自己足夠的愛。

所以請試著觀察一下，你對待你自己的方式，並從中找到可以改善的點。

　　舉例來說，老闆每次都要求你，要在很趕的時間內完成工作。（練習：請把描述換成你實際遇到的問題，來進行下面的推演）

　　那麼，如果這點讓你感覺到「沒有愛」的話，你又為什麼強迫自己，去符合老闆的這個要求呢？

　　因為如果不這樣做，你會失去工作；而如果你失去工作，你會缺錢……等等。

　　你可以沿著這條思路，去把你真正擔心、害怕、恐懼的東西找出來，然後利用「自我對話」的方式（可參考〈2-5-1.自我對話是讓事情平順的關鍵（正文）〉的說明），從內在去消除那個根本上的恐懼。（這一步，可能需要重覆進行一段日子）

　　當那個根本上的恐懼被你消除了，你再進行上面的邏輯思考時，就會出現斷點（突破點）：

　　因為如果不這樣做，你會失去工作；而如果你失去工作，你會缺錢。等等，缺錢，那又怎樣？（你不怕了）

　　於是，倒推回來：因為你不怕缺錢，所以失去工作也沒關係；而失去工作沒關係，所以你就不用那麼認真的去達成老闆的要求。

　　這就是一個人在覺醒的過程、一個意識在解放的過程、一個解開束縛、解開繩索而通往自由的過程。（我們會在下一篇〈1-11.奇蹟，是意識在擴展／解放〉中詳細討論）

### 「狀態好」的時候，事情是否會自動完成？

　　我想，關於這個問題，你心中可能多少也有一些答案。只是因為我們周圍的人都不談論這個，使得這樣重要的知識被人們「視而不見」。

因此，在這邊我會用幾個例子來說明。

### 例1：不費吹灰之力——曹操用郭嘉之計，平定遼東

在三國演義中，曹操在河北大破袁紹之後，趁勝追擊，一路打到遼東。當時袁紹的兩個兒子袁熙、袁尚被逼投靠遼東的公孫康。曹操當時採用軍師郭嘉之計按兵不動，沒有再派兵追殺到遼東，不久公孫康派人將二袁（袁紹的兩個兒子）人頭送來給曹操。

郭嘉在給曹操的信中是這樣寫的：「今聞袁熙、袁尚往投遼東，明公切不可加兵。公孫康久畏袁氏吞併，二袁往投必疑。若以兵擊之，必併力迎敵，急不可下；若緩之，公孫康、袁氏必自相圖，其勢然也。」

所以，對於曹操來說，他是不是只是存在而不做任何事，但是事情卻自動完成了呢？

### 例2：覺醒後的萊斯特利文森（Lester Levenson）修理收音機

《萊斯特利文森自傳》參：覺醒後的日子——愛背負一切愛相信一切

覺醒後的萊斯特去探望妹妹和妹夫納特的時候，納特常常請萊斯特幫忙修理收音機。

「我會看一下然後說：『納特，這只是真空管鬆脫而已。』再來我會把它往基座上推一下，然後收音機就正常了。但是呢，在這麼搞了6次還8次之後，被納特看出來了。他說：『欸，萊斯特這事情有點不太對勁耶。每次我的收音機或音響（Hi-Fi）壞掉時，都說是管子鬆了，然後你推一推就又正常了。這是怎麼回事呢？』

我說：『它剛巧就只是管子鬆脫而已，納特。』我知道如

果我跟他實講他是無法相信的，他是無法承認超常事物的。其實我只是視收音機完美無缺，然後動一下真空管讓事情變得像在他理解範圍之內而已。」

**例3：一丁——煮飯靈異**

摘自網路文章：《煮飯靈異》堪破這不斷出包的4維母體：

故事1：

「1丁早年不懂燒飯，看過老媽把米放入電鍋一按便生米煮成熟飯，所以買個大同電鍋也把米放入，胡亂加點水，按下鈕，飯香噴噴，餐餐如此，直到後來不知怎『知道』電鍋分外鍋內鍋，煮米成飯要在外鍋放杯水。從此用老辦法再也沒辦法生米煮成熟飯了。飯，說實在也沒那麼好吃了～以前是用「天心」煮成的飯丫，那能量——人心煮的那能比？」

故事2：

「親耳聽老和尚說這是他同修告訴他，山東一個道場發生的，老人說出家人不打謊，確有其人其事。

屋內和尚出門辦事，突想到一件要物忘了拿，急急趕回到房內取出，走出屋門，想掏出鑰匙鎖門，四處尋不著鑰匙，撓頭躕步方才想起……『早些離開屋子時，我明明落鎖把鑰匙交給小僮了！』他『知道』了，孤疑的再次推門，這次門已紋風不動。」

由以上例子可知，當你的「狀態」準備好的時候，很多事情是會自動完成的。（也就是在意識層面去完成這些事）

例1雖然神奇，但還在人們可理解範圍（軍師郭嘉智謀超群），而例2和例3就很難用三維世界的常理去解釋了。但是像例3煮飯的例子，可能許多人小時候都有類似的體驗，只是沒有去深究而已。（我本人的經驗是，將兩個磁鐵上下排列在小箱

子內，讓上面的磁鐵浮起來，就可以移動附近的門，當然再追究下去的結果，就失效了，變成是風在吹造成的）

從一些例子可以看出，一件事是否會發生，和你是否相信它會發生，是有很大的關連的。而「狀態好」也就是處在「相信」的狀態。（「相信就會發生」的觀念，尤其在超自然現象特別重要，只有這個觀念能合理解釋這些現象）

因此，「狀態」（意識狀態、能量頻率）是確實存在的，它也值得我們去了解、研究，它對我們的日常生活、工作、甚至是夢想息息相關，經常停留在好的狀態，將會改善你的人生。

### 跟隨自己的狀態，是輕鬆之道（神奇之道）

所謂的「狀態」（意識狀態、能量頻率），其實就是〈1-4. 處於量子狀態，才是真正的自由〉所提到的「水流」（能量流）。

「水流」（能量流）也就是「整體」，我們做為「個體」而在「水流」之中。（當你能感覺到「水流」的存在，你會知道「水流」（整體）也是你）

很容易理解的一點是：如果你要到達某個地方，順著「水流」，你就幾乎不用做什麼，就像搭個捷運就到站了。

而逆著「水流」，你就需要很拼命的游，很拼命的抵擋「水流」，才有辦法去你要去的地方。（但這卻是我們許多人正在採用的方式，不是嗎？）

希望這樣說明，能夠讓你的頭腦理解，所謂的「輕鬆之道」（神奇之道）、「不費吹灰之力」、「只是存在而不做任何事」在理論上是可行的。

你愈多的讓宇宙、自然之力來幫你的忙，你就可以愈輕鬆、愈自在。

當你跟隨你的感覺走，事情的完成會愈來愈快／愈來愈順，你會沒有時間想太多，也不用依賴頭腦的智力去處理複雜的問題。

### 在意識層面中，讓自己處在「很順」的狀態

首先，如果你不曾（或很少）體驗到「很順」的狀態，你可能很難去想像。

你可能很難想像，你可以連「把手舉起來」這種小動作都可以很順、很優雅、很輕鬆、不費吹灰之力。

「把手舉起來」、「呼吸」、「走路」這些每天都會做的事，許多人其實都用了很多力（逆著水流），而工作、人際關係上的問題就更不在話下了。

在這樣的情況下，你要怎麼去感受、體驗到「很順」的狀態呢？

也許，你需要讓自己的時間停下來！

你需要給自己時間，讓你的步調慢下來。

如果你在戶外，坐在草地上，感受一下微風吹拂的舒適感，你可能就能體會什麼是「很順」的感覺。

如果你悠閒的泡在水中，讓自己在水中漂浮，你可能就能體會什麼是「很順」的感覺。

如果你聽個音樂，感覺到很舒服、很輕鬆、甚至忘了時間，你可能就能體會什麼是「很順」的感覺。

這個「很順」的感覺是值得你去體驗、體會，並把它記憶

起來的。

當你把「很順」的感覺（用各種方式）重播出來，你就在創造「好的狀態」。（「好的狀態」是可以這樣被產生出來的）

如果你持續重播「好的狀態」，而你的人生沒有很大的改變，這基本上是不可能的！

你的人生（外在世界、你所創造的世界）會隨著你的主要狀態改變而改變，你會看到它們同步發生變化。

這會是有趣的，值得你來玩玩看。

# 11. 奇蹟，是意識在擴展／解放

　　本篇將要談論的主題是「奇蹟」，什麼是「奇蹟」呢？例如得到更高的智慧、體驗到「同步性」（巧合）、獲得天上掉下來的禮物等等都是「奇蹟」。

　　例如你突然有很好的靈感來解決你的難題；你最近想到一位很久沒見的朋友，而他剛好打電話聯絡你；你許願希望能獲得一輛腳踏車，剛好你爸媽就買了一輛要送給你等等。

　　而從另一個角度來看，<u>「奇蹟」就是破除三維世界的幻象，看穿幻象、領悟真相中間的一個必經過程。</u>

　　首先，我們仍然先從視覺化工具開始。本篇的視覺化工具是「冰塊融化」：

　　從物理上來講，冰塊（固態）是物質的分子所含有的動能較低的狀態，形狀非常固定；而冰塊融化變成水（液態），是因為它接收到一些熱，分子的動能增加，而變成形狀不固定的水。

如果再加熱，水還會再變成水蒸氣，那時甚至肉眼都看不到了。

而從靈性、能量的角度來看，當你覺得生活上的限制、困難都是真實的（三維幻象世界的特性），就是所謂的「固態」的情況。

而當你生活中有一些「奇蹟」發生，使你感覺到原本生活上的限制、困難的難度降低，許多限制、困難變的不那麼真實，這就是所謂的「冰塊融化」的現象。

### 「場景布置」的遊戲

也許你小時候、在學校讀書的時候有為了活動而布置場地的經驗。「場景布置」為了要讓參加者感覺到「身歷其境」，會需要動很多腦筋去設計。

而這邊我們的「場景布置」條件可能更加嚴格一點：要求場景要像真的一樣，不被參加者認出來。

例如要布置的場景是：南極、或者某個森林。（讓參加者以為他到了南極或森林）

在這樣的條件下，可能需要更加精密的設計：

1. 視覺效果：場景和非場景的接縫處要很刻意把它們連接的很完美。

2. 聽覺及觸覺：南極要很冷（開冷氣），森林要有鳥叫聲（錄音機播放聲音）。

3. 避免進場時被發現：人們必須在睡著狀態被抬進去，在裡面醒來。

4. 其他你可能想的到的破綻和人工設計方法。

因此，「場景布置」遊戲可以讓你體驗到：

1. 「場景布置」讓參加者感覺到的所有真實，其實都是假的。（以為很真實的，其實並不真實，它們是可以被假造出來的）

2. 真的有辦法建造一個看似真實的世界，而其實裡面所有東西都是假的？答案是：只要在所有可能的破綻（接縫處）完美的接合，這是有辦法做到的。

而參加者如果要發現、識破，除非他認出、找到這些破綻、發現一些不合理的情況，才有可能破解。這個過程就稱為「覺醒」、「破除幻象」。

那麼，我們的現實世界是否也是「場景布置」呢？

如果是，所謂的三維幻象世界真的只是幻象的話，那它們的「接縫處」在哪裡？（也就是〈1-7. 分辨真實與幻象〉提到的「三維幻象維持器」）


## 科學方式解釋「奇蹟」

「奇蹟」一詞，原本是靈性、宗教經常在使用的詞語，所以讓人一看到「奇蹟」這個詞，就會聯想到靈性、宗教等相關概念。

在靈性領域中，我所接觸到的訊息對「奇蹟」的解釋如下：（我將加以說明）

1. 「奇蹟」代表你走對路了：當你放下固執、放下小我的成見，倘開心胸，以開放的心態看待你所面對的事物時，你的願望可能會「奇蹟」般的自動實現。

2. 奇蹟（同步性）是四維世界的特色：「同步性」就是

「巧合」。例如你突然有很好的靈感來解決你的難題；你最近想到一位很久沒見的朋友，而他剛好打電話聯絡你；你許願希望能獲得一輛腳踏車，剛好你爸媽就買了一輛要送給你等等，都是「同步性」（巧合）的例子。

「同步性」（巧合）的發生，代表你的意識提升到第四維度（也就是超越了三維），代表你的意識在擴展、解放。這和「你走對路了」其實就是同一個意思。

而「奇蹟」的科學解釋，其實就是上面提到的「冰塊融化」。

「奇蹟」只是你尚未理解的現象，進入到你的世界。

例如上面三個「同步性」（巧合）的例子，關於它們為什麼能發生，你可能沒有好的解釋，但它們可能確實就是發生了。

「冰塊融化」不只是比喻而已，它很精確的就是在能量層面上，「奇蹟」實際上發生的事。

冰塊的能量（動能）較低，而水的能量（動能）較高；感覺到「限制」很真實的狀態，能量較低（處在三維），而感覺到「限制」不太真實的狀態，能量較高（超越三維，例如處在四維）。

處在能量較低的狀態，事物基本上不太可能發生變化，因此限制就是限制。例如不工作就無法賺錢，沒賺錢就會沒飯吃；天氣冷就會感冒，感冒就要吃藥等等。

而處在能量較高的狀態，事物會有比較大的動能，會產生一些可能的變化。例如不工作你可能還是能賺的到錢，所以不工作和沒飯吃的因果關係會較為弱化；天氣冷你可能不一定會感冒，感冒了不一定需要吃藥（可能會自己好）等等。

　　許多人可能可以理解能量（物理學提到，物質分割而成的微小粒子是能量，因此萬物皆能量），但對於事情為什麼會發生（也就是巧合）也是能量造成的影響，卻無法理解。

　　事實上，事情的發生並不重要，重要的是你感知到了它。也就是說，發生的事情只是為了帶給你「感受」。

　　〔《駭客任務2》梅若寶基恩（Merovingian）提到：「重要的是感覺本身。（All that matters is the feeling itself.）」〕

　　所有事情的發生，都只是在創造「感受」（或稱為「體驗」）。如果事情發生了，而你沒有「感受」到，那麼那些事情對你來說，一點意義也沒有（也可以說那些事情不存在你的世界）。

　　當你知道、理解這一點，你會了解，其實你可以憑空創造你想要的任何「感受」（體驗）。

　　你也會了解，事情的發生只是在「看似合理」的情況下，發生在你面前，讓你感受到。

### 「奇蹟」發生的過程：走對路，打通能量的流動

　　「奇蹟」其實就是未知的能量流進你的現實世界，而這之所以能發生，是因為你的心態稍微開放了。你原本以為是一項限制的事情、以為不可能發生的事情（好事），它們堅固的能量開始融化了。

　　這一切都是從你「愛自己」、「對自己好」開始。

　　當你「對自己好」，你會讓自己「輕鬆」、「放鬆」，那就會比較容易達到「發呆」的狀態。

　　當你達到「放鬆」、「發呆」的狀態，你的（左腦）腦波

下降了。

當你的（左腦）腦波下降，你的世界中三維幻象的真實性也下降了。（這就是「冰塊融化」）

同時，在「放鬆」、「發呆」的狀態下，你的「靈性」能夠接管你的身體、主導療癒的過程。

當你的「靈性」幫助你清理掉足夠多你不需要的（支持三維幻象的）能量時，你就騰出空間給更高的能量，讓四維、五維的能量流向你。

因此，你會更加「輕鬆」、「放鬆」，然後更多更高的能量就會流向你。

當你的世界中三維幻象減少，代表你的意識正在擴展、解放到更高的維度。

當你的意識達到四維時（通往五維或更高維度的必經之路），就會開始體驗到「奇蹟」（同步性、巧合）。

當你體驗到「奇蹟」（同步性、巧合），你會開始懷疑這個現實世界一直以來教導我們的，到底是不是真的？

你會更多的去實驗。而當你實驗，你會發現更多的「奇蹟」（同步性、巧合）。

這些「奇蹟」（同步性、巧合）會讓你把人與人之間的關連性建立起來，你慢慢會發現到：人與人之間的關係，不只是肉體上接觸到的時候才會有連結。（那麼人與人之間的關係，到底是透過什麼來連結的呢？這個問題留給你去回答）

當你相信「整體」，相信人與人之間有某部分是相連、相通的，你會了解到「對自己好」也能幫助到別人、「對別人好」也能幫助到自己。

你甚至會感受到「愛的連結」是存在的，那麼你就不會認為「同步性」（巧合）只是無稽之談。

### 把「奇蹟」當早餐

早餐是一天當中具有代表性的一餐，可以補充所需能量。

此外，早餐也是每天都會吃的一餐。

當你遇見「奇蹟」時，除了驚訝它的神奇之外，如果你可以吸收未知事物所帶來的能量（也就是不去排斥新事物，而是去接受它、理解它），你就會慢慢和新的能量融合，並適應新的狀態，就像吃了早餐一樣，得到了充沛的能量。

當你能倘開心胸的去看待新事物，當你心靜下來的時候，你可能會發覺在你周圍「無奇不有」，你可能經常都會被這些新發現所吸引，讓你發現隱藏的新世界、新的可能性的存在。

這時，「奇蹟」就會像每天的早餐一樣，變成你每天都會看到的現象。

小「奇蹟」，和大「奇蹟」一樣神奇（事無大小之分），不需要只關注大「奇蹟」。

「奇蹟」的發生，可以讓你專注在喜悅、感恩的狀態；而處在喜悅、感恩的狀態，則會帶來「奇蹟」。

希望你也能見識到「奇蹟」，找回屬於你的強大力量。

第二部
生命體驗

# 1. 揚升旅行地圖

在生命體驗中，揚升就是不斷提升自己，達到更高的境界。對於學習靈性知識的朋友來說，知道「覺醒」之後是「開悟」，「開悟」之後是「揚升」，更簡單的說法是「尋找人生的答案」。例如「我為什麼來到這個花花世界？」「人生是在追求什麼？」「人死之後會去哪裡？」等等生命課題。當然，還有更多更多，你的心裡總是會有所渴望，渴望找到答案，渴望找到那個只屬於你的真理，但那個「只屬於你的真理」真的存在嗎？

### 未取得地圖之前

許多人即使無法確定是不是真的有答案，但心裡偶爾還是會出現追求真理的想法。如果是學習靈性知識的朋友就更是如此了，許多人與靈性老師學習，希望透過老師給予的「方法」找到答案。

就像這位旅行者，夜裡夢見了一座山，於是他想去找那座山，但是問了朋友、周圍的人大部分不知道有那座山，說有印象的人也不記得在哪聽過、聽誰說過等等訊息，因此旅行者感覺到尋找那座山相當困難，可能路途遙遠，甚至可能永遠也找不到。

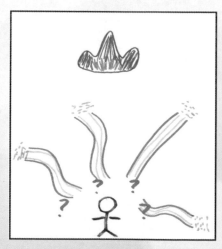

　　然而，即使在這樣不利的情況下，這位旅行者還是決定出發去尋找。出發後不久，他遇到一位去過山上的人，那位朋友畫了一張地圖給他：

　　突然之間，旅行者發現他離其中一條路非常近，並且他還發現這條路不是綿延曲折的，而是很筆直的通往目的地，只要走到那條「道路」，之後即使閉著眼睛走都能到達目的地。並且除了他附近的這條路以外，能夠到達目的地的「道路」非常多，條條大路通羅馬。

　　（有些朋友可能會想到宮崎駿的作品《天空之城》，它透過水晶吊飾來指引方向，讓人可以找到天空之城拉佩達）

　　這就是「揚升旅行地圖」的功能，「揚升旅行地圖」也就是本書的重點觀念、希望分享給你的禮物。

### 通往揚升之路，其實已經離你很近了

　　我們發現，對於一個未知的事物，我們習慣性的把它看的很遠、很難，殊不知它其實很近、很簡單。任何一個地方，只要看到了地圖，就會瞬間覺得距離比想像的縮短很多。

　　因此，覺醒、開悟、揚升、成佛很困難的觀念，只是一種錯覺而已，它其實比你想像的容易的多，不需要像過去宗教所說的要輪迴轉世多少次才能達到。

　　同時，因為有了地圖，你想什麼時候去？你想怎麼去？

先去哪裡？再去哪裡？全部都在你的掌握之中，你可以隨心所欲，因此讓人有種安心感。

在「如何使用本書」提到，<u>真理是簡單的</u>。當你覺得簡單，代表事情對你來說易於掌握，你感到有信心、心情輕鬆、很放心。請注意，這些特點都是真理的一個面向，也就是說，<u>感覺到安心、平靜是走在真理之路、揚升之路的一個驗證（即使只有片刻感覺到也很珍貴）</u>。它是正向、反向都成立的，可供驗證的指標：

你感覺到安心、平靜 => 你走在揚升之路

你走在揚升之路 => 你感覺到安心、平靜

因此，只要弄清楚那條「道路」，實際去走向那條路，那揚升的旅程就能一帆風順。

問題是，揚升旅行的「道路」是指什麼呢？

### 你對「內在」其實已有相當的理解

「揚升旅行地圖」所提到的「道路」，也就是道家所謂的「道」（道者，路也）、佛家所謂的「佛法」、學習靈性的人所知的「內在」、「內在的力量」，關於這些，我們可以簡單理解成是人的「天賦」、「潛能」。

許多朋友可能已經對「內在」有相當的理解了，但仍然對自己「內在的力量」信心不足，很多情況下，這同樣也只是一種錯覺。

有些朋友認為，自己無法順利使用「內在的力量」，例如覺得「內在」很抽象、打坐、冥想時感受不到像其他朋友、大師所說的「靜心」、「時間不存在」、「接受到高靈的指引」等等效果，因此認為自己一定是不懂「內在的力量」。（其實

誠實的面對自己的感受，就是內在的力量，將在第2篇中說明）

有些朋友認為自己平常的生活「很世俗」而不靈性，例如認為「因為我沒有吃素」、「因為我很少在打坐、冥想」、「有情緒，會生氣、會擔憂」，所以我的生活不靈性等等。

〔但如果是這樣的話，隱含的意思就是一個靈性的人應該只能吃素、總是在打坐、冥想、並且都沒有情緒反應（像木頭人）；或是一個人只有在吃素、打坐、冥想、像木頭人的時候才是靈性的。〕

這樣的話，到底什麼才是靈性？似乎真的抽象起來了，是吧？

網路文章：巴關──【什麼是真正的靈性】

「一個靈性的人是快樂的人，他會創造快樂的關係、快樂的家庭、快樂的社會、快樂的民族乃至快樂的世界。世界正需要快樂的人類。」

同樣的，我們需要「揚升旅行地圖」來縮短距離、降低問題的難度。

因此，我們在這邊需要重新定義它，我們使用「內在」、「內在的力量」來描述你所要追求的那個東西，我們說它是人的「天賦」、「潛能」，就像呼吸一樣，是每個人都會的（但是如何呼吸才能達到能量提升的效果？）。只要我們常常去使用它，去練習它，它就可以像我們的體能、肌肉一樣得到增強。

然而我們到底有什麼「天賦」、「潛能」是我們所不知道的？能不能有像是「內在力量使用說明書」一樣的教學，教我們如何使用人的「天賦」、「潛能」？

人的「天賦」、「潛能」是很廣大、神奇的，這也是為什

麼那麼多人想學習靈性領域、想體驗奇蹟。而本書做為入門的基礎分享，目的只有引導你找到自己的老師（自性／高我），因此只會分享一些較多人能夠做的到的基礎項目，其他許多更深入的課題就由你自由探索了。

在下一篇〈2-2. 關於「內在」，一切都與感知能力相關〉我們會將內在的力量說明清楚，有些朋友可能會因此發現，原來有一些「潛能」自己早已掌握，只是一直沒有拿出來用而已。

### 揚升是拼圖遊戲，累積足夠的拼塊才能看到更大的真相

有些朋友在考慮是否要走上揚升旅程時，對於「要放棄某些（負面的、沉重的）東西才能揚升」會是一個無法接受的點。

這可能和我們小時候的經驗有關。

舉例來說，當你還是小朋友的時候，還沒到要上學的年紀，可以在家裡玩玩具。但是要上學的時候，父母可能會「強迫」把你的玩具沒收，換成了書包跟書本；在學校教室上課的時候，老師會要求你把書本和筆放在桌上，並且要求你的頭要抬的高高的，眼睛要盯著黑板；已經在工作的朋友可能必須要聽命於你的老闆，老闆可能會指派你不想做的工作給你做。

而在這個時候，你接觸到了「內在」、「揚升」的相關資訊，你可能會想，這會不會又是另一個「必須」？

那麼我的回答會是：「不，揚升是拼圖遊戲，它是一個由你主導的遊戲。」

在這個遊戲中，沒有老師、父母、老闆，只有你、和你眼前的拼塊、拼圖盒。你想玩就玩，想休息就休息；你想拿起哪一塊拼塊？想先拼哪個區域？拼到一半，想要全部拿起來，再

拼一次？完全由你主導。

有朋友可能會有疑問：「我是否應該吃素？我是否應該打坐、冥想？怎樣才是對的方式？怎樣做才可以揚升？」

揚升不是在比賽，它沒有分數，也沒有人在幫你打分數。它比較像是藝術創作，今天靈感來了畫了張山水畫，明天沒有靈感就休息，後天靈感來了畫了一隻鳥，我們知道，不論「山水畫」或是「鳥的圖畫」都很有「美感」。

因此，揚升沒有「對的方式」或「錯的方式」。這句話代表的意義是：「你的方式就是對的方式。」

「那麼到了什麼程度才可以揚升？」

有一個畫家初學畫畫，畫出來的和自己真正想畫的圖差距很大，因此他常常去參加畫展，參考其他許多畫家的作品。經由不斷的學習、實作、修正，到了某一天，畫家覺得他已經可以畫出心中最美的圖畫了，那麼這時候他隨手畫來都是完美的藝術創作。

從這個故事中，你會發現，在揚升旅行中，連「什麼時候可以揚升」都是你自己決定的。甚至，當你走在「道路」上，你也許會很享受這趟旅程，你會希望這趟旅程很快結束嗎？

以下摘錄自路易士・卡羅《愛麗絲夢遊仙境》：

愛麗絲：「請你告訴我，我現在應該要走哪條路呢？」

「那得看你想要到哪裡去啊！」笑臉貓說。

「到哪裡去都沒關係……」愛麗絲說。

「那麼你走哪條路也沒有關係喔。」笑臉貓回答。

愛麗絲接著解釋：「只要我能到達某個地方。」

笑臉貓說：「喔，你一定會到某個地方的，只要你走得夠

久的話。」

拼圖遊戲的另一個意義是，當你累積足夠的拼塊時，你會看到一幅完整的畫面，代表著更大真相的畫面。同時，你手中的拼塊、拼圖盒是獨一無二的，其他人的拼塊、拼圖盒都和你不同，但是許多人的拼塊組合起來可以看到更大的畫面。

於是，在這樣的遊戲中，沒有人可以評價你（他們永遠不了解你的拼圖），只有互相合作才是正解。

拼圖遊戲含義整理如下：

1. 揚升是一個由你主導的遊戲，內在道路意味著「隨心所欲」。

2. 累積足夠的拼塊才能看到更大的真相。

3. 你是獨一無二的、獨特的、珍貴的。

你是否想過～你可能已經走在揚升之路了～甚至在你不知不覺中？

這條路會是簡單的、自由的、充滿驚喜的冒險之路。

在這條道路上，歡迎你的加入。

# 2. 關於「內在」，一切都與感知能力相關

本篇將進入「內在」的世界，希望用淺顯易懂的說明方式讓你可以理解，並一起來探索這個奇妙的世界。

### 關於「內在」的說明

什麼是內在？簡單說就是運用你的感知能力，並且和你所感知到的東西互動。（一句話講完）

感知能力（有人稱為「超感知力」）與一般感官（眼、耳、鼻、舌）在使用方式上並不完全相同，但你可以理解成一般感官，因為當熟練之後，它就變成和你的感官一樣在傳遞訊息。

物理學已經說明了宇宙是由能量組成的，物質也是能量（細分下去，組成物質的基本粒子是能量），而能量是流動的，並且互相影響。

舉幾個靈性方面的例子來看：

有些人能夠洞察他人的想法 → 因為他們能感知到其他人的能量。

有些人能夠看到用紙包起來的文字（手指識字——台灣大學前校長李嗣涔教授有專門的研究）→ 因為他們能感知到包起來的文字散發出來的能量。

有些人聽到（某些）音樂心情會變好 → 因為他們能感知到音樂的能量，並且產生共振（共鳴）。

有些人能和動物對話 → 因為他們能感知到動物的能量。

有些人能聽到亡者的聲音、訊息 → 因為他們能感知到亡者

的能量。

有些人能療癒他人的能量場（用內在力量治療他人的疾病或其他疑難雜症）→ 因為他們能感知到他人的能量場。

有些人、動物能預知地震、氣候災害 → 因為他們能感知到大地的能量。

有些人看到星星會有一種親切感 → 因為他們能感知到星星的能量。

有些人覺得自己和他人、地球是一體的 → 因為他們能感知到他人、地球的能量，並且也能與他們互動（互相影響）。


想了解自己的感知能力嗎？可以參考：高敏感族自我檢測量表（HSP）（取材自《高敏感是種天賦》一書）

因此，感知能力就像一台收音機，（在台灣）當你調到FM 99.7就會聽到「愛樂電台」的廣播。只是，「把自己當成一台收音機」這件事，可能對許多人來說是陌生的事而已。對於一直沒有聽到、看到的人，我想你們只是也許不知道可以調整頻率（頻道）去連結到這些電台，也許是還沒找到對的頻率。

「調整自身的頻率是否很難？是否有辦法學的會？」

我想，對於沒接觸過、沒成功過的人來說，的確是難的。但是，如果你連「學開車」這麼難的事都有辦法學成的話，我想應該是沒問題的，因為它也只是需要練習而已。

「要怎麼調整自身的頻率？調整之後會發生什麼事？」

在〈1-6. 一個實驗：讓潛意識接管全身〉、以及「生命體驗」後續的內容都會持續討論這個問題，在這邊只舉個簡單的例子：我們知道，深呼吸可以讓你冷靜下來，因此「深呼吸」

這個動作就可以達到「改變自身的頻率」的效果。而如果你能再進一步讓自己達到「發呆」的狀態，就會達到更高的頻率，也就是說：緊張狀態→冷靜→發呆。

當你調整到對的頻率後，再來就是與你所感知到的東西互動，產生效果。而在「內在」世界中所謂的「互動」，是量子世界的互動。舉例來說，氣功就是「量子呼吸」、而太極拳就是「量子運動」。

〔《電影駭客任務1》（The Matrix），先知的小朋友和尼歐說：「改變的不是湯匙，而是你自己。（Then you'll see that it is not the spoon that bends. It is only yourself.）」上述哪種狀態可能把湯匙看成彎曲的？〕

那什麼是「量子呼吸」、「量子運動」呢？以實作來講，簡單來說就是：當你達到並處在「發呆」狀態時的呼吸、運動就會是量子的。（關於量子世界的說明會在〈1-4. 處於量子狀態，才是真正的自由〉進一步討論，實作方面會在〈1-6. 一個實驗：讓潛意識接管全身〉、以及「生命體驗」後續的內容詳細探討）

### 大腦對你所感知到的東西一無所知

關於這點，很容易說明。許多人可能都有過這樣的經驗：突然聽到有人叫你，然後就轉頭去找，但是卻沒找到人。

大腦常常不知道到底正在發生什麼事，常常喋喋不休，但是遇到狀況卻常常摸不著頭緒，感到驚慌失措。其實大腦很需要有個老師（指導者）來協助，如果你的內在（感知能力）能夠有足夠的說服力做為大腦的老師（協助者／指導者），那麼大腦將會很願意臣服，與內在共同處在一個很協調的狀態，因為本就該是如此運作。

### 培養你的感知能力，建構屬於自己的信念系統

信念系統簡單說就是「我們所相信的東西的總和」。在〈1-5. 信念創造〉中會提到，信念系統是可改變的，改變信念系統可能會影響到一個人的習慣，而一個人的習慣改變，會影響到他體驗到的世界。

我們所學的東西有許多是知識，也就是家庭教育、學校、電視與新聞媒體、社會、政府等來源提供的知識，這些知識成為了我們信念系統的主要部分。也就是說，許多人相信「這世界的真實樣貌就如同電視媒體（以及其他那些來源）告訴我們的那樣。」

但是，如同你也知道的，知識和知識之間會互相衝突。在很多事情上，人們總是持有不同的觀點，例如不同政黨有不同的政見；對一件事總是有正反兩面的看法，並且正反兩面都有人支持（例如安樂死、全球暖化、垃圾分類、蓋核電廠等等）。

於是，人們會用各種方式來處理知識衝突的問題，例如辯論、投票表決等。然而，對你來說，你要怎麼把這樣有衝突的知識（及訊息來源）加到你自己的信念系統呢？如果處理不當，你就等於把「衝突」加到自己的信念系統中，並導致自己信念系統的不完整。

上述「信念系統不完整」的問題，其實是大多數人都會遇到的問題。

「那麼這問題是否有解決之道？」

本文所推薦的方法，就是「忘掉你所學的所有東西，培養你的感知能力，重新建構一個屬於你自己的信念系統」。

### 理解你所感知到的東西

當你使用你的感知能力來建立你的信念系統，好處就是不會有知識衝突的問題，因為感知到什麼，就是什麼。你的大腦之所以會有各種衝突產生，根本原因就在於它不理解所發生的事，不理解你所感知到的東西，而感到恐慌。當你讓你的大腦實實在在的去理解你感知、感覺到的東西，你的大腦就會安靜下來，衝突就會消失。

當你開始使用你的感知能力，它會像你的新玩具一樣好玩。對於你曾經覺得你知道、不曾懷疑的事物，你開始會想要用感知能力去檢視它。

然後，你將會發現全然不同的世界！非常值得一試。

### 開悟之路是否有捷徑？

答案是「有，但也沒有」！

許多人以為的捷徑是像食譜一樣的，按照步驟一、步驟二……這種既定的步驟去做，就能達到跟別人一樣的效果。

然而在開悟、揚升這條「道路」上卻不是如此，每個人的狀態不同，都需要走自己的「道路」。因此常常有人按照別人的食譜去做，結果卻沒達到任何效果，因此覺得很灰心，或者甚至走到岔路。

因此，所謂的「沒有捷徑」指的是：未使用感知能力，而是直接把別人的食譜拿來用，是不會有任何效果的。

而本篇介紹了一個透過內在力量（感知＋互動）建構信念系統的觀念，也就是前一篇的揚升旅行地圖中所謂的「內在的道路」。

當你使用內在的力量，幫自己建構一個自己能夠信任的信念系統，你也就幫自己打通了通往開悟、揚升的道路。

因此，所謂的「有捷徑」指的是：實實在在的去體驗，實實在在的去感知一切，是通往開悟、揚升之路的捷徑。

當你這麼做，你對大大小小的事物會開始持有自己的（而不是別人的）觀點、自己的想法、自己的選擇，這樣也就是在「走自己的路」。你會愈來愈多的認識你自己、愈來愈喜歡你自己、愈來愈有自信，這就是你的開悟、揚升之路。

### 修行就只是處於自然的狀態

「為了達到開悟、揚升，我需要對自己做出多大的改變？需要放棄既有的喜好、興趣、生活習慣嗎？」

關於這個問題，我想用一個簡單的比喻：一個男生為了追求一個女生，極力的去討好她，滿足她的需要，但成功之後就改變了，不再那麼努力去討好、滿足對方的需要了。

為了達到一個目的，使用某些手段去達成，看起來好像是很合理的方式？

但是，也許你早就知道了：開悟、揚升會是達到更高的能量狀態。

許多「技術性的手段」無法真正改變你的狀態（頻率），因此也就無法達到開悟、揚升。

這樣看來，要讓自己開悟、揚升似乎相當難？

與前一篇所說的一樣，這只是一種錯覺。相反的，其實它很簡單。為什麼呢？開悟、揚升不是用技術性的手段可以達成，而是自然而然（自動）達成的。

　　簡單的說，你不需要改變或放棄什麼，你需要做的事就只是讓自己更多的處在「放鬆」、「發呆」的自然狀態就可以了（也就是其實不需要做任何事）。在這樣的狀態下，開悟、揚升是自然而然會發生的。

　　你需要的也許只是一些可以讓自己進入「放鬆」、「發呆」狀態的方法，例如：

1. 聽音樂。
2. 冥想。


重要觀念整理如下：

1. 內在＝感知（頻率共振）＋互動（在量子世界互動）
2. 調整自身的頻率：緊張狀態→冷靜→發呆
3. 量子互動：達到並處在「發呆」狀態時的互動。
4. 讓大腦臣服於你的感知能力。
5. 透過內在力量（感知+互動）可以重新建構一個信念系統。
6. 開悟之路的捷徑：實實在在的去體驗，實實在在的去感知一切。
7. 處在「放鬆」、「發呆」的自然狀態，讓開悟、揚升自然而然發生。

透過這些介紹和方法，希望可以幫助你實際體驗內在的世界，取得內在豐富的寶藏。

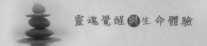

# 3. 身體能做到的事，比你想像的多很多

從本篇開始，我們會討論一些關於身、心、靈，並且是可以實驗、可以練習的方法，供你參考使用，後續的內容包括：

2-3. 身體能做到的事，比你想像的多很多（身）

2-4. 練習去玩自己的身體（身）

2-5. 自我對話是讓事情平順的關鍵（心）

2-6. 金錢與豐盛（心）

2-7. 跳脫一個狀態，就不會受到影響（靈）

2-8. 透過強大的意圖，影響即將發生的事（靈）

其中第3、4篇與「身體」的練習較為相關；第5、6篇與「心智」的練習較為相關；而第7、8篇與「靈性」的練習較為相關。

### 你對你的身體，了解有多少？

我們從小到大，在學校學習過許多關於我們「身體」的知識，例如「健康教育」、「生物」、有些人還學到「醫學」知識（包含中醫、西醫等）。因此，我們對我們自己身上有哪些器官、它們的功能等知識，好像都很了解？

但是，許多人還是常常生病。當生病時，很習慣的就會跑去看醫生，這是不是代表醫生比你更了解你的身體？

其實，看醫生的習慣，只是代表人們常常不了解身體的運作為什麼「出錯」了？

當身體的狀態發生改變、出現疼痛、感冒、出現平常沒有

的狀況，人們就容易感到驚慌，想要求助於人。

但是，其實身體的狀態是隨時都在變化的，只是當它沒有疼痛時，人們不會去關注它而已。而當出現疼痛、感冒等較大的變化，人們就習慣性的認為那是「生病」了。

因此，即使我們有從小累積的關於「身體」的知識，我們實際上對自己的身體，了解還是太有限了。（以致於無法在重要時刻幫上忙）

### 內在的力量如何處理「身體」的問題？

如前篇所述，內在的力量是「感知能力」。也就是說，如果你能感知到你的身體狀況，你就不會因為一些疼痛（或其他問題）而大驚小怪，因為你了解這些狀況為什麼會出現。

除了感知身體狀況之外，內在的力量也包含「互動」。也就是說，當你能感知到你的身體，你也可以跟你的身體互動，你可以透過你的意圖去「療癒」你的身體、你可以透過一些「排毒」的方法減輕身體的負擔、你也可以透過「自我對話」的方法和身體說話，相互傳遞訊息，達到減緩疼痛的效果。

當做了一些處理之後，如果仍覺得有必要，還是可以選擇去看醫生。

### 「深呼吸」（量子呼吸）是進入內在的門戶

呼吸是人的本能，每個人都會的。

但它卻是「平淡中有神奇」的一項技能，為什麼呢？

真正觸及神奇的，是「深呼吸」。（量子呼吸、氣功，有別於一般的呼吸）

那麼什麼才是「深呼吸」呢？

「深呼吸」顧名思義就是「深長的呼吸」，並不是很用力的呼吸，而是聽不見呼吸聲的那種呼吸，一個呼氣可以持續很長時間。

但是它和你平常因為工作忙碌而「忘了呼吸」的狀態，是不同的，差別就在於「深呼吸」是專注的處在「呼吸」的狀態。

當你專注的處在「呼吸」的狀態時，你把你的注意力都放在「現在」、「當下」這個時刻，並且把注意力放在你的「身體」上。這樣的狀態才是我所謂的「深呼吸」的狀態。

在〈1-6. 一個實驗：讓潛意識接管全身〉，我們介紹了「極限分割」的方法，透過一種「零速度」的呼吸法（量子呼吸），可以讓你進入量子世界。

因此，「深呼吸」的狀態，讓我們可以自由的調整腦波頻率，進入「放鬆」、「發呆」的狀態，也就是進入「內在」，感知我們的「身體」。

而雖然「深呼吸」可以讓我們進入內在，但是當我們使用「深呼吸」時，目的卻不是在「呼吸」，而是為了進入到「內在」，所以太專注在呼吸反而效果不佳。

### 「深呼吸」（量子呼吸）具體進行方式

一般人所知道的呼吸法有「胸式呼吸」及「腹式呼吸」兩種。而中醫、中國武術則常會聽到「丹田呼吸」。

這三種呼吸法，主要在描述不同深度的呼吸，「胸式呼吸」最淺，只到肺部；「腹式呼吸」較深，至少會到腹部（胃）；而「丹田呼吸」最深，會到中醫所謂的「下丹田」部

位，也就是氣海穴（臍下三寸：食指一指節為一寸，肚臍往下數三個食指指節的部位）。

所以，其實我們不用太在意是哪種呼吸法，只要想著「深呼吸」就可以了，你能到多深就到多深。

也許有人會問：呼吸不是鼻子、肺部在進行的嗎？怎麼能到腹部、丹田？

我以我的「感知能力」來回答，<u>實際上身體的所有細胞都在進行呼吸，並且呼吸時交換的是能量。</u>

舉例來說，有人會說：腹式呼吸是不是空氣都跑去腹部了？這樣如果胃脹氣怎麼辦？

然而實際進行「深呼吸」卻不一定會有空氣的流動，所以並不違反肺部呼吸的認識。（但肺部呼吸主要只是空氣的交換）


### 「呼氣」與「吸氣」具體進行方式

我習慣採用「先呼再吸」的方式（這也是為什麼中文寫「呼吸」而不是「吸呼」）。

透過深長的呼氣過程，可以把體內的廢氣排出體外，達到清理自身的功效。

當我呼氣時間較長時，呼完之後再吸氣，也會吸入較多的空氣。而如果想吸氣很長，有一種方式就是「想像吸氣時聞不到味道」，那時使用的通道似乎和平常不同，可以吸很長時間。（但這類控制呼吸的方法，並不是很舒服，因此我近期已很少採用）

### 改變意識的「量子呼吸」

當你能習慣「深長的呼吸」時，慢慢的把呼吸的氣息減弱，就能夠再更深，使腦波頻率降的更低。（金庸武俠小說裡面有提到所謂的「龜息功」，也就是呼吸時別人感覺不到氣息）

當然，如先前所說，不要勉強自己，覺得困難可以停止嘗試。

也許有人小時候有玩過閉氣的遊戲，有的人可以閉氣1分鐘、2分鐘、3分鐘。閉氣與「龜息功」有點像，但是「龜息功」並沒有阻止自己呼吸，因此它可以持續很長時間。

那麼關鍵就來了，真正有效的量子呼吸的原理是這樣的：

真正有效的量子呼吸，是在聚積能量。

也許有人有玩過「腕力球」（Power Ball）：

這是一種可以儲存能量的球，聚積能量後，它甚至會自己轉動。

但是，如果你只是轉你的手腕是沒用的，你需要持續的把能量灌注到球中，才能引發球的自旋。

這就像「深呼吸」在做的事一樣，如果你只是單純的把「空氣」吸進來、把「空氣」呼出去，而沒有聚集能量（蓄勢）的話，就不會有效果。

更進一步說明，你一口氣吸愈多「空氣」、呼愈多「空氣」，你聚集的能量就愈少。反之，你一口氣吸愈少「空氣」、呼愈少「空氣」，你聚集的能量就愈多。（深呼吸的「深」也就是這個意思）

對於初學者，我建議你可以試著這樣玩玩看：在呼吸時，同時閉氣，也就是說，去阻止自己呼吸，讓自己在「有阻力」的情況下呼吸。

我們知道「摩擦生熱」的原理，如果你在「有阻力」的情況下呼吸，你很容易就會感覺到「熱」，而這對於初學者來說，是一個初步能感覺到能量的方法。

當然，我們知道這個方法有點粗糙。但是，就像第一次玩腕力球的人一樣，就算沒辦法一次成功，至少也可以感覺到有一些效果，這樣對於學習來說是有幫助的。

到這邊，我們對於「量子呼吸」至少做了三種不同的說明：「極限分割」、「深呼吸」、「聚集能量的呼吸」等，其實都是在描述同一件事，希望這樣說明，至少有一些面向能得到你的共鳴。

透過這樣的呼吸法（量子呼吸），能夠讓你達到降低腦波的效果。

當腦波頻率降低到「發呆」的狀態時，也就相當於「打坐」、「冥想」的狀態，在那樣的狀態，你可能會更容易在腦中出現各式各樣抽象的畫面（或聲音）。

有人會說：那直接去睡覺不是比較快？

實際上，這個練習也會改善睡眠品質。對於容易緊張、容易失眠的人，練習「深呼吸」，能讓頭腦更容易放鬆，睡眠時消除疲勞的效率也會提升。

### 「深呼吸」（量子呼吸）更深的效用

「深呼吸」剛練習的時候可能感受不到明顯效果，但是練習一段時間之後，你會慢慢感覺到「氣」（普拉納，Prana）的存在。也就是說，當你呼吸時，會得到一股能量，身體會有熱感。

（在〈1-6. 一個實驗：讓潛意識接管全身〉，我們在「神奇背後的真相」說明了為什麼心靜下來不是什麼感覺都沒有，而是會感受到能量在流動。）

而透過「深呼吸」的過程，讓自己更多的專注在「當下」，專注在感受自己的「身體」，這樣你就是在培養你的「感知能力」。如果你經常練習，你的「感知能力」就會不斷的擴大。

一個人處在「放鬆」、「發呆」狀態，更容易聽到周圍的聲音（包括平常聽不到的聲音）；並且更容易看到腦波清醒時看不到的畫面（例如《駭客任務1》，救世主尼歐把湯匙看成彎曲的）。（我們在〈2-4. 練習去玩自己的身體〉會再談論到）

而「深呼吸」另一個好處就是它會引發「排毒」的效果。

現代人因為工作忙碌、壓力大，身體容易累積毒素，時間久了就演變成疾病。

而在這樣的情況，如果你使用「深呼吸」一段時間（例如十分鐘），它可能會讓你需要跑廁所。在排毒之後，身體的負擔減輕，人也會變的更清爽。

（有一些研究是關於如何用「斷食」或其他方法來達到排

毒的效果。許多人可能無法想像，光是「深呼吸」就可以引發排毒）

如果你能成功排毒，你身體的代謝功能變好，同時又吸收到「氣」，身體免疫功能增加，那就會愈來愈不容易生病了。

### 小結

在這一篇，我們只是針對一項「深呼吸」進行討論，它能做到的事就相當多了（包含吸收、累積能量、療癒、排毒、擴大感知力等），你能想像的到嗎？

本篇重點整理如下：

1. 身體的狀態是隨時都在變化的，它與能量的流動相關。

2. 內在的力量可以與身體進行「感知」+「互動」：你可以透過你的意圖去「療癒」你的身體、你可以透過一些「排毒」的方法減輕身體的負擔、你也可以透過「自我對話」的方法和身體說話，相互傳遞訊息，達到減緩疼痛的效果。

3. 「深呼吸」的狀態，讓我們可以自由的調整腦波頻率，進入「放鬆」、「發呆」的狀態，也就是進入「內在」，感知我們的「身體」。

4. 真正有效的量子呼吸，是在聚積能量。就像「腕力球」的原理一樣，在「有阻力」的情況下呼吸，可以感受到「熱能」。

5. 「深呼吸」（量了呼吸）的效果：

   a. 降低腦波

   b. 感受到熱能

c. 提升感知能力

d. 排毒

在下一篇，我們將繼續探討關於「手掌拉氣」以及其他相關的練習，這些練習可以讓你實際感受到氣（熱／電／磁場）。

# 4. 練習去玩自己的身體

　　本篇接續上一篇關於「深呼吸」（量子呼吸）的討論，繼續探討與身體相關的練習，內容將與我在宗岳門太極拳、林孝宗自發功等學習到、體會到的經驗有關。

### 持續練習「深呼吸」（量子呼吸）的效果

　　上一篇討論到的「深呼吸」（量子呼吸），透過持續經常的練習（例如每周、每天等，但不需要固定時間），進步的效果可能會讓你感到吃驚。例如你可能會感覺到體內的氣（能量）愈來愈強，慢慢的漸漸穩定的會引發出發熱的效果等等。

　　而每次從開始「深呼吸」到進入量子世界（感覺到在發功、發熱、能量在流動等）的時間可能會漸漸縮短。雖然可能有時候時間反而會變長（例如當天狀況不佳等因素也會影響），但如果你練習一個月後，和一個月前的你相比的話，平均來說，進入量子世界的時間可能會明顯縮短。

　　另外，你也會對體內流動的氣（能量）更敏感，也就是你的感知能力會增強。你會更清楚身體現在是處在很順、或是不順的流動當中。當你愈是處在量子世界，愈是體驗到很順的氣流之後，回到日常生活中，在工作中遭遇到不順利、感受到壓力等，都會影響到你的氣、能量流，而你將會更敏銳的感覺到「順」與「不順」的差異。

　　而本篇將探討另一項練習，「手掌拉氣」。讓我們從基本觀念、前置步驟、到練習方法和效果，一步一步來討論吧。

### 運動身體各部位，其實都是靠「意念控制」

許多人對運動的認識是「靠肌肉在運動」的，也就是說，例如「揮拳」就是靠肌肉的收縮拉動手往前運動、「搬重物」也是靠肌肉收縮產生的力量使人可以撐起重物。

因此，在這邊不得不針對更為本質的層面來討論，例如「揮拳」是如何觸發的？首先，一個人產生一個念頭，想要把拳頭揮出去；接著，手握拳，然後肌肉收縮讓手往前伸；最後，手揮出去。這就是「揮拳」的完整步驟。

從這邊我們看到，「揮拳」的動作最原本是因為意念的產生，而觸發的結果。

我們再看「揮拳」動作的過程，手握拳、肌肉收縮、手揮出去等一系列的步驟，都是我們事先練好的「標準動作」。也就是說，對許多人來說，只要你產生想要「揮拳」的意念，接下來的這些動作都是自動播放而已。

而「搬重物」同樣也是意念控制，原理同「揮拳」的說明。

因此，你會發現，其他各式各樣的運動、動作，上述的原理都可以說明。

那麼，為什麼要特別說明「意念控制」呢？

因為，如果真相是「意念控制」的話，我們目前的做法，效率都太低了。

### 高效率的施力方式：不使用肌肉出力

你也許有聽說過，太極拳可以「四兩撥千斤」。

那麼，它的原理是什麼呢？

我想先提一個可能我們小時候都聽過的一個小故事，「小草與大樹」的故事：大樹很強壯，能擋住風；而小草被風一吹就飄來飄去了。但是很有趣的是，真正強風吹來的時候，被吹倒的卻是大樹，小草卻安然無恙。

從這個故事，我想你一定能看出原因：為什麼柔弱的小草反而比較強？（因為它太極拳練的比較好）

大樹所採用的方式是「抵抗」；而小草所採用的方式是「順流而行」、「順隨」。（〈1-4. 處於量子狀態，才是真正的自由〉，我們說明「水流」時，也討論了抵抗和順隨）

我們可以看出，「抵抗」（逆流而行）使事情的難度增加，而「順隨」（順流而行）使事情變簡單，這就是為什麼最後小草會勝出。

可是這代表什麼呢？用肌肉出力，就是「抵抗」。也就是說，它本身是一種具有缺陷的施力方式！

這就是為什麼太極拳可以「四兩撥千斤」，它其實是一種高效率的施力方式，並且相當符合人體工學。

### 用肌肉出力，是出於恐懼的心理作用

「揮拳」之所以會用肌肉力，其實是因為心裡覺得如果不出力，力道會不夠；或是當對方「揮拳」，而你伸出手「接拳」的時候，你可能總是覺得要出力去抵抗，不然對方的拳會打到你。

當你變成在「抵抗」時，有什麼樣的缺點？也就是你會處在逆流而行的狀態，事情的難度會增加。

### 用肌肉抵抗是有缺點的？不是大家都是這麼做的嗎？

我們以肌肉抵抗的例子，同時也說明「抵抗」為什麼是有缺陷的：肌肉抵抗會造成肌肉緊繃，產生「局部抵抗力」，但這個力同時讓身體的局部（例如手）變的僵硬而不靈活，一旦它承受的力道太大，局部（手）就有可能受傷，變成像大樹那樣的結果。

同時它也使局部和整個身體分開，也就是說，肌肉抵抗使得局部自己形成一個很強的結構，但那個結構和身體其他部位是分開的，局部的力量畢竟比整體來的有限，並且在局部和整體的「交界點」會形成一個不連續的弱點（從很強突然變很弱），這一點也是它的明顯缺點。

### 有可能不用肌肉去抵抗嗎？

我們把上述兩項缺點（僵硬而不靈活、和整個身體分開）反轉過來，就會變成靈活、和整個身體相連。也就是說，想像一下你的身體變得像橡皮筋一樣柔軟，不管怎樣的力道過來，你都是整條一起連著動，那麼施加外力對你的影響就會小很多，就像小草一樣（你會想揮拳去打一條橡皮筋嗎？）。

因此，高效率的施力方式就是：例如對方揮拳過來，你「接拳」時是整個身體一起連動，來化解對方的來力。

要能做到這樣（像一條橡皮筋），就不能有肌肉緊繃的現象出現，因此這和肌肉力已經是兩種完全不同的施力方式了。

你能理解「整體」比「局部」更有力的說法嗎？你可以實際去體驗看看，出力時使用「整體」的力量出力，也許你會克服力氣不夠的恐懼，找到更有效率的施力方式來取代肌肉。那時，你的身體將能夠更加放鬆、更加輕鬆。

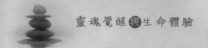

### 如何讓自己站的更輕鬆？

請你觀察一下自己站著的動作，你的腳的肌肉是否很僵硬的撐著你的身體？

我想有許多人都是如此，那是因為潛意識含有恐懼：怕站不穩會跌倒。

而有些人可能是曾經跌倒過，他們的恐懼可能會更深。

但是，如果你願意嘗試的話，我想請你回想一下剛才說的「橡皮筋」的感覺。如果你的腳像「橡皮筋」一樣有韌性的話，應該是沒那麼容易跌倒的吧？

事實上，如果你願意去放鬆你的腳，反而可以站的更穩。

不用太擔心身體會有些微晃動，當你的腳更加放鬆，它們會像不倒翁（小草）一樣，雖然會搖晃，卻穩穩的不會跌倒。

而對於放鬆較有信心的人，可以嘗試讓自己的上半身放鬆，讓自己的重心往下沉。當你的重心愈是往下，你也就站的愈穩。假設有人要推你，他推你的上半身，而你的重心在下半身，那他將很難推動你。

### 身體（全身／某部位）無法放鬆的原因

有些人容易緊張，這可能是因為他們恐懼、害怕的事情較多，因此在平常也不容易放鬆。

有些人可能身體某些部位保護意識比較強，因此不容易放鬆。而那些部位，也比較容易累積壓力，長久下來，容易形成病痛。

有些人可能是身體某些部位有受過傷（外傷、內傷），那些部位總是較為緊繃，不容易放鬆。

**讓自己放鬆的方法**

這邊提供三招放鬆的方法：

**第一招　發呆**

我想許多人應該有發呆的經驗，請你試著發呆一下，然後觀察一下自己，你的感覺是怎樣的？是否你的眼神會飄到別的地方？是否覺得你全身無力？你可以就這樣感受一下你自己，找回自己發呆的感覺，這樣下次你會更容易進入發呆（放鬆）狀態。

**第二招　深呼吸**

這招在上一篇有重點介紹，在「深呼吸」時，身體會比較容易進入放鬆狀態。

**第三招　自我對話**

跟自己的頭、脖子、肩膀、雙手、胸部、腹部、腰部、背部、臀部、兩腿、大腦說話，請它們放鬆（稍微調整即可），可以讓自己進入更安靜的狀態。（在〈2-5. 自我對話是讓事情平順的關鍵〉，我們會再進一步討論「自我對話」的力量）

而對於有受過傷的人，我建議可以先採用按摩的方式幫自己鬆開那些部位（如果你覺得這件事是重要的），這樣之後要練習放鬆會更加容易〔我本人雖然不是受過傷，但有經過按摩師Mr. Ten（宅配按摩職人）持續約六個月的協助，消除我身體較緊的部位，使我更容易放鬆〕。

**專注身體上的點**

通常來說，要做到這一項，需要先讓自己放鬆。

放鬆之後，只需要稍稍感受一下身體的某個部位（例如

手指），過一陣子那個部位附近可能會覺得熱熱的、或者是突然被電到一下、或者部位附近的皮持續微微跳動（也是電流反應）。

但是，如果只是專注在一個點，通常不會產生磁場反應。

「專注身體上的點」是一個很好用、也很好玩的練習，它可以產生很多的變化：你可以感受身體的氣在流動、同時專注在兩個點來產生磁場反應等。

### 手掌拉氣練習

「手掌拉氣」就是讓兩隻手的手掌相對，然後互相靠近、再互相拉遠，持續這樣的動作（兩手掌不用碰到）。

「手掌拉氣」可以讓你體驗到能量的三種效果（熱、電、磁場）。它同時也可用來練習「意念控制」，但對於初學者、不熟悉的人來說，可能需要主動靠一點想像力去觸發效果。

手掌拉氣的3要領：

1. 降低意識到放鬆／發呆

2. 專注力放在手掌

3. 使用「極限分割」、聚集能量（腕力球的概念）

如果你能做到以上三點，我相信你應該會體驗到「手掌拉氣」的磁場效應：有時相吸，有時相斥，並且磁場的範圍可能是包覆全身的。

### 重要的是處在放鬆／發呆的狀態

我想，只要你玩過幾次，你就會了解放鬆的重要：氣（能量）就像水流一樣，它無法進入一個密閉的容器。如果你想讓

水流進去，容器就必須有洞口。

同樣的，如果你想感受到氣（能量）的流動，你的身體就需要有放鬆的部位。你鬆掉的地方，才有氣流進入的可能性。

因此，不難想像：解放身體的限制，就會感受到氣（能量）的流動；解放頭腦的限制，就會看到奇蹟。（在〈1-11. 奇蹟，是意識在擴展／解放〉會有更多的討論）

當你愈多的處在放鬆／發呆的狀態，你的感知能力（超感知力）也會慢慢覺醒過來，你的視覺和聽覺（觀想、冥想能力）會愈來愈強大。

舉例來說，也許有人有過和我同樣的經驗：小時候蹲馬桶時，不小心會看到地板在飄、在流動，這是關於視覺（你可能會以為你是眼花了，或是恍神，殊不知會流動的才是更接近本質、真相）。

而聽覺方面，也許你有體驗過夜深人靜的情境，當蟲叫聲、車流聲、冷氣聲消失時，突然變的非常安靜，但過了一會兒，一種尖銳的聲音出現了，並且聲音愈來愈大，但你卻完全不理解為什麼會有那種聲音。（也許真正的安靜並不存在）

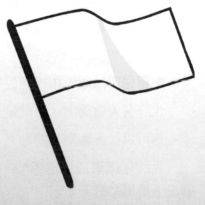

也許你會體驗到更多、更多你的頭腦無法解釋的現象。我想，這會是有趣的體驗。

如果你可以時常處在放鬆／發呆的狀態，那麼下一個問題將會是：你是否能在「發呆」狀態下過馬路？

這在一般的常識來看，絕對是不可能。「很危險，會被車撞」等等。

但是，如果你的意識提高到一定程度，你必然會遇到的問題就是，你什麼時候可以處在發呆、高維度（例如五維）的狀態；什麼時候「必須」回到低維度（三維）的狀態？

你會遇到一個需要「適應」和「切換」的情況，你會需要去做選擇，什麼情況你「必須」讓自己處在三維？否則可能會有危險之類的。

然而，這個問題其實並沒有標準答案。

你對某些情況回答「Yes」，某些情況回答「No」，這就是屬於你的答案，它完完全全屬於你，是你的特質。

你也可以在任意時間，去改變你的選擇，這都非常有趣。

尤其是當你為自己「解放」了一項限制的時候，我相信那時你得到的成就感，會是巨大的。

### 站著也可以玩：搖搖晃晃的站著，會引發能量的流動

也許有人會認出，這就是「自發功」的現象。

你可以找一個空曠的地方，試試讓自己輕鬆的站著。

也許你感覺沒什麼不同，那麼就請你試著感覺一下，你的腳是不是用力撐著？

試著慢慢放鬆你支撐的腳，允許自己站的不太穩，搖搖晃晃的也沒關係。

首先，你會發現你的身體其實是有能力去平衡的，即使在搖晃的狀態。

如果你是第一次這樣嘗試，你可能會因為太害怕或太緊張

而無法放鬆，那自然也就不會看到效果。在這種情況下，就需要多試幾次，讓自己的緊張感消失，然後才有辦法看到效果。

效果不就是搖搖晃晃？還有什麼其他的嗎？

如果你真的讓自己處在搖搖晃晃的狀態，並且也有放鬆，那麼你慢慢會發現，身體開始朝向某一邊倒，然後你的腳為了平衡重心，會跟上去，於是身體就開始動了。

你可以多試幾次，就會發現：身體會朝向哪邊倒，並不是隨機的、機率性的，它是有意識的，是你體內的氣（能量）在帶動你。

你可以跟隨它，讓它帶動你做各種動作，它可能會引發「排毒」的效果。

這股力量可能與你的「靈」有關，它會幫助你改善你的身體、使你的經脈順暢。因此，很值得一試。（你是否發現，它與〈1-6. 一個實驗：讓潛意識接管全身〉所描述的「自我電療」的現象是同樣原理）

**相信自己，並找到自己適用的玩法，才能持續提升，玩的開心**

我在本篇主要提供一些自己的經驗及方法，供你參考選用。它們並不是標準答案，並不是一定要這樣做才能提升自己。

因此，你可以自由去選擇，把它當成一個遊戲來玩吧。

這邊列出一些可玩的項目：

1. 手掌拉氣

2. 自發功

3. 讓氣（能量）在體內流動

4. 引發磁場效應

5. 發呆時產生的特殊效果

　　希望你能找到屬於你自己的玩法，可以玩的開心，又可以提升自己，這樣是不是一件很美好的事呢？

# 5. 自我對話是讓事情平順的關鍵（基礎篇）

從本篇開始，我們將進入到身、心、靈的「心」的部分，提供一些可操作的練習。

所謂的「自我對話」就是讓自己的身、心、靈能夠溝通，傳遞訊息（能量）。它的目的是協調身、心、靈的運作（能量），讓等級最高的「靈性」能量能夠滲透到身體和心智，達成平衡身、心、靈的目的。

本篇先討論「自我對話」練習所需要的基礎知識，並在下一篇〈2-5-1 自我對話是讓事情平順的關鍵（正文）〉正式討論「自我對話」的練習、效果及應用。

### 身體可以操作，但心／靈如何去操作？

首先，我們需要回到上一篇所提到的「意念控制」，我們談到身體肌肉的運動其實都是「意念控制」，同樣的，心、靈的操作也是「意念控制」。

所謂的「意念控制」，就本質上來說，就跟我們小時候看過或玩過的遙控汽車、遙控飛機是一樣的原理。你不是那輛車、那架飛機，但是透過操縱桿加上無線電的技術，你可以控制那輛車、那架飛機往你想要的方向開。

同樣的，你不是身體（可參考〈1-2. 什麼是自我〉的討論），但是你透過「意念控制」，可以遙控你的身體做任何你想做的動作，甚至就像身體是你的一樣。

那麼，對於「心」的部分，它能操作什麼呢？是不是也能用「意念控制」去控制它？

答案就在本篇的主題，也就是「自我對話」，這就是我們可以對「心」使用的「意念控制」。

### 你到底是誰？

在靈性領域很常被談論到的一個問題是：「你的實相是什麼？」「真正的你是怎樣的存在？」，也就是「你到底是誰？」。

這個問題，顯然不是在問你的名字、職業、你的地位、性別或其他「外在」的屬性。

去除掉你所有的屬性（名字、職業、地位等），你會發現你很難去談論「你自己」，但那個「沒有任何屬性的你」確實存在。

「沒有任何屬性的你」確實存在，但「那個你」重要嗎？

如果「那個你」重要，為什麼不去談論？為什麼無法談論？

這就要回到〈2-2. 關於「內在」，一切都與感知能力相關〉所談論到的「感知能力」了，我想表達的是，那個「沒有任何屬性的你」，只有透過「感知能力」去實際感覺到它的存在，它才具有意義。

法國人笛卡兒說：「我思，故我在」。

當你發現到你在「思考」的時候，你感覺到自己的存在了嗎？

當你在「運動」、「跑步」的時候，你感覺到自己的存在了嗎？

當你在「說話」的時候，你感覺到自己的存在了嗎？

而當你只是在「呼吸」的時候，你感覺到自己的存在了嗎？

當你在「睡夢中」的時候，你感覺到自己的存在了嗎？

請你可以透過這樣的「檢驗」，去實際體驗到自己「不同程度」的存在性。

### 在身、心、靈三者中，心（心智）的主導性最強

相信有學習過靈性知識的朋友都知道，所謂的「真我」、「高我」（真正的自己）是那個「靈」的存在，而身、心只不過是它的投影，是被創造出來的幻覺。

但是，從上面的討論，我會希望你可以實際去體驗到「你到底是誰？」

你可以用你的「感知能力」實際去感覺到的，才是真實的你。

你得到的答案，屬於你自己，不需要跟靈性知識的答案一樣。

舉例來說，我會認為對大多數人而言，「在思考」的時候的你，你感覺到的那個存在，是「心」（心智），也就是指大腦（左腦）。

而當你在「睡夢中」的時候，你感覺到的那個存在，是「靈」（高我、真正的自己）。

這是因為，在大多數的時間，心（心智）的主導性是最強的。

主導性就是像在一個團體裡面，講話最大聲、最有影響力的那位。

而心（心智、左腦）通常扮演那個主導性的角色，他會希望所有人（身、心、靈）都把關注的焦點放在他身上。

而「靈」的部分，是具有更高智慧、更接近造物源頭（神）的存在。但他卻沒有想要表現的慾望，因此通常不會發出具有主導性的聲音。

以上描述來自我的體驗，只是供你做參考，如果你喜歡，可以採用。你也可以去尋找你自己的答案，這會是很有趣的。

### 「意念控制」使用的是身、心、靈哪個部分去控制？

這個問題，相當於在問「那個遙控器是在誰手上？」

這個問題為什麼重要，是因為它關係到這個系列的練習，我們如何去進行身、心、靈的操作練習？是身體有一套方法，心智有另一套方法，而靈性又再是另一套方法嗎？

還是身、心、靈全部只需要一套方法，這套方法完全可以通用？

好消息是，對於身體和心智，存在那個可以通用的方法，它就是「意念控制」。而靈性的練習，基本上是不需要「方法」的。（下面會解釋）

不過，因為每個人對於「你到底是誰」的回答都不一樣，可能是心、靈中的某一位（事實上，你的「靈」也可能不只一位，他是更大的集體意識），因此，每個人所能用的「意念控制」也不相同。

如果遙控器在心智，那你只能控制身體，不能控制心智。也就是說，你可以控制的是你的下層，那個「不是你所在位置」的部分。

如果遙控器在靈,那你就可以控制身體和心智。（靈性不能被控制）

但是由於靈性沒有主導權的慾望,因此通常不會去「控制」別人（包括你自己的身、心）。他使用的是一種「合一」、「和諧」的力量,和其他的存在和平共處。（也稱為身、心、靈「三位一體」,英文是Trinity,《駭客任務》女主角的名字——崔妮蒂）

### 「意念控制」的特性

「意念控制」幾乎是一項通用的技能,然而它卻有一項特性（限制）,也就是一次只能專注在一件事。

這就是為什麼許多人同時進行多項工作,效率會變很差的原因。而有些人認為他們能「一心多用」,但實際上卻只是讓自己的壓力大增,而不是「很輕鬆的同時讓多件事情進行到位」。

人們需要認識到一個幻象:世界看似由許多元素組合而成,但實際上卻是一個整體。

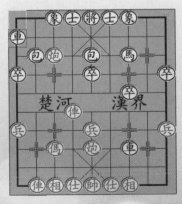

例如象棋棋盤上的棋子看似是分開的個體，但每個棋子的存在、位置卻和整體局勢的好壞息息相關；人體看似雙手雙腳是分開出招的，但是它們的力道、重心卻是一個整體（當你出招時，各棋子位置／手、腳的配合是很重要的）。

　　在金庸小說「射鵰英雄傳」裡，有一位全真教的高手周伯通，他精通「左右互搏」之術（左手打右手，兩手分開出招）。

　　而他的教學方式很簡單，首先讓你練習「左手畫圓，右手畫方」。

　　為什麼這很難？就是因為「意念控制」一次只能控制一件事。

　　在《射鵰英雄傳》及《神鵰俠侶》中，各有一個人向周伯通學「左右互搏術」，前者是被認為資質很差的郭靖，後者是資質很好的小龍女，他們的共同點是：在第一次就能做到「左手畫圓，右手畫方」。

　　而同樣也是天資聰穎的黃蓉，卻怎麼學都學不會，原因在哪呢？

　　原因在於：郭靖和小龍女性格上的共同點，就是他們心中的雜念都很少，他們能更容易的使用他們的專注力。

　　也就是說，如果你堅持要做到一次控制兩件事，那麼你就不能專注在第一件事，也不能專注在第二件事，而是要專注在整體性（包含畫圓及畫方）才可能辦到。

　　而當你專注在整體性時，其實你專注的東西是：更高層次的「一件事」。結果仍然沒有違反意念控制一次只能專注一件事的原理。

因此，我們求簡單而不求複雜，了解「意念控制」一次只能控制一件事就可以了。

**使用心智做為「意念控制」中樞所帶來的問題**

從上面的討論可以了解，使用心智做為「意念控制」中樞大致會有兩個問題：

1. 只能控制到身體

2. 一次只能控制一件事

第一個問題，它很明顯就不符合本篇所要進行的「自我對話」練習的基本要求。

而第二個問題會反映在什麼地方呢？例如當你要做投球的動作，而你控制你的手去做，就會造成手和身體的不連貫。

也就是說，你需要去學投球的「全身動作」應該怎麼做，然後控制你的手、腳、身體去完成這些動作。然後透過不斷的練習，慢慢再把你對手、腳、身體的控制去除掉，使它們能自然的「一體成型」的完成動作。

在這樣的過程中，你根據你對動作的理解，相當於錄製了一段手、腳、身體的動作，然後讓你的身體去記住這些動作而成為自然反應，這同時也造成了限制，讓你很難再去改變這些錄好的動作。

也就是說，當你專注在局部，你就無法專注在整體；而當你專注在整體，你就無法專注在局部。

### 讓你的靈性取得控制權，你的世界將會改觀

從上面的討論可以發現，我們這篇所要進行的關於「心」的練習，必要條件是「靈性取得控制權」才可能進行。

而要讓靈性取得控制權（也就是叫你的心智閉嘴），方法就是上一篇提到的三個方法：發呆、深呼吸、自我對話（叫身體放鬆）。

當你讓靈性取得控制權時，表現出來的特性會是：輕鬆、平靜、舒適、愉悅。

在這樣的狀態下，進行「自我對話」將會很順利。

光是「讓靈性取得控制權」這個練習本身，就足以讓你的世界改觀，讓你的人生邁向成功之路。

因為，如果你更多地處在輕鬆、平靜、舒適、愉悅等狀態，它會消除你的恐懼，而你體驗到的世界也會更多的去符合你的狀態。

（我們會在〈2-7. 跳脫一個狀態，就不會受到影響〉有更多的討論）

這種「內在力量」影響「外在世界」的方式，稱為「創造」、「顯化」，也就是你所能使用的「神的創造力」。

### 靈性採用的「意念控制」不是一種「控制」：自然發展 VS. 人為控制

我們做為人類，已經很習慣去「控制」周遭的事物。今天如果一個人不能去「控制」某件事物，那麼他就會害怕事物會「失控」，並且會造成不好的後果。

也就是說，「控制」實際上是一種出於害怕的心理而產生

的舉動。

舉個例子，如何讓自己進入睡眠狀態？

當一個人有失眠問題時，他可能會嘗試各式各樣的方法讓自己入睡（例如數羊）。

而仍然無法入睡時，他可能會吃安眠藥。

從這個例子我們可以發現，許多人「主動」去進行各種動作來達到目的，而不是讓事情「自然而然」的發展。

而有些人的方法甚至更為暴力（例如吃安眠藥），透過強迫的方式，讓某個局部（某件事）達到目的。這樣做的缺點很明顯是：過於注重局部，而對整體卻無法照顧周全。

例如，安眠藥如果常吃，可能對身體會造成副作用。（這很容易理解，因為化學藥品是不自然的。）

那麼「靈性」的方法是不是會比較好呢？

「靈性」的方法，注重整體，與自然合而為一。所以他不會用「控制」、「強迫」的方式來達成局部的目的，卻失去整體性。（原因很簡單，專注整體就無法專注局部）

所以「靈性」對整體採用「意念控制」（這種「意念控制」其實應該稱做「神的創造力」比較傳神），它比較不像我們人類所謂的「控制」、「強迫」。它是任由事物自然發展，而非人為控制。

如果你實在無法想像它的畫面，在「認識生命」系列中多篇文章有提到創造過程是一個「螺旋」的這個概念，例如〈1-8.對於創造，1和100並無不同〉中提到：創造過程是從源頭（最高維度）以螺旋的方式擴散（分享能量）到較低維度。它與這裡所提到的概念，是一致的。

### 靈性採用的「意念控制」只有0與1兩種

所謂的0，就是你不發出任何意圖，完全任由事物自然發展。

所謂的1，就是你專注在某個意圖，然後仍然任由事物自然發展。（這個1就是在〈1-8. 對於創造，1和100並無不同〉所提到的1，代表「創造」）

對於靈性的0與1，我自己是比較喜歡採用0的方法，也就是「無為法」，來進行「自我對話」。

我採用這種方式的理由是（如果需要一個理由的話）：它更為輕鬆而不費力，並且我相信我的願望在「自然而然」的狀態下就會被（宇宙）實現。

而對於採用1的方法，我的體驗是只需稍微有個意圖即可顯化，不需太強烈，就像許多人在冥想的時候所做的事一樣。（我們會在〈2-8. 透過強大的意圖，影響即將發生的事〉繼續討論。）

在下一篇，我們將正式討論「自我對話」的練習、效果及應用。

# 5-1 自我對話是讓事情平順的關鍵（正文）

## 「自我對話」是什麼？

我們人與人之間可以互相「對話」來傳遞訊息，同樣的，我們也可以跟自己「對話」。

它的原理是這樣的：如同〈1-3. 集體意識〉所提到的，我們自己是由身、心、靈組成的。也就是說，我們自己就包含了很多人、很多聲音。

（從這個角度看，多重人格者其實跟我們沒有太大的不同。如果真要找出差異，那就是我們一般所謂的「正常人」一定會有一個人掌握主導權（心智），而多重人格者則是會有2個以上掌握主導權的人。）

所以，所謂的「自我對話」就是像「身體和心智對話」、「心智和靈性對話」等。

## 「自我對話」最重要的關鍵技能是：「尊重」＋「傾聽」

許多人在小時候可能都有很多和長輩、父母、老師相處的經驗。但是只有非常少數的人，會打從心裡希望和某個長輩經常相處在一起，像這樣的例子，我們稱為良師益友、亦父亦友等。

隨處可見的例子是：媽媽在訓斥小朋友（例如「玩具收起來」、「不要坐在那邊」、「不要吵鬧」等），或是義正辭嚴的「教導」小朋友什麼是對的、什麼是錯的。

這些都是所謂的「上對下」的表達方式，而不是「平等」、「尊重」的表達方式（也就是朋友關係）。

這樣的情況隨時都在發生，只要一個人遇到一個地位比自己低的人，它隨時都有可能發生。

　　那麼這種「上對下」的方式，對自己有什麼壞處呢？那就是：

1. 無法達到「良師益友、亦父亦友」的美好結局（對方對你會有恐懼感）

2. 讓自己處在「沒有愛」的狀態（「上對下」的方式顯然不是出於愛，它是一種較低頻率的狀態）

　　更進一步來看，許多人可能不知道的真相是：一個習慣以「上對下」方式對待人的人，其實他對待自己也是這樣。

　　因為我們自己也是身、心、靈共同組成的，而占有主導地位的通常是心（心智）。

　　那麼，被以「上對下」的方式對待的人，通常包含身體和靈性（靈性，也就是你個人專屬的神）！

　　例如睡不著會吃安眠藥的人，他只是想趕快解決「睡不著」的問題，卻刻意忽略身體所表達出來的意見。（「睡不著」是身體傳達訊息的方式之一）

　　而他（包括我也曾經這樣）可能甚至沒有把身體看成是一個人、一個存在，認為怎樣對待它，它都應該要接受。（而不應該有意見、反抗、反對、抗議等）

　　我想，上面談論到的這種狀況，是符合大多數人所經歷的情況。

　　這種情況所造成的問題就是：它阻止了「自我對話」神奇效果的發生。（例子中的小朋友就是你的靈性（神），<u>你會去尊重你的小朋友，聽小朋友講話，並敞開心胸的和他真誠以對嗎？</u>）

因此，當我們談論到「自我對話」時，請不要把它想像成是上述這種「上對下」的對話方式，否則它將和許多人原本採用的方式相同，在「自我對話」之後，自然也不會有任何效果和改變。

一個簡單的測試和練習就是：去觀察你自己和小朋友相處的方式，跟你對待你的朋友的方式有什麼不同。

### 「身體」也能說話？也能傳遞訊息？

其實上面有稍微提到，「身體」是一個活生生的、有意識的存在。他沒有嘴巴，不會像我們一樣說話，但是他可以產生飢餓、疲勞、疼痛、疾病等訊息，來取得你的關注。

所以，如果你靜下心來感受一段日子，你會發現其實身體無時無刻不在和你對話。

### 「身體」能聽懂人類的「語言」嗎？

你可以嘗試和你的身體說話看看，你會發現他其實是會有反應的。

例如你可以說「放鬆」、「安靜下來」；你可以說「5分鐘之後給你吃好吃的東西」；你可以說「休息一下」；你可以說「再拼一下我們就休息」等等。

你可能會發現，身體聽到你在心裡念念有詞的話語，會有反應。

實際上他是接收到「話語」本身帶有的能量，如果你提供的能量是「愛」的能量，他會接收到、會反應出來，而你也會感受到他的變化。

（在〈1-3. 集體意識〉也提到一個被隱瞞多年的實驗：如果你在心裡說「我要傷害某個植物」，從植物的電流反應可以看出，它感受的到）

因此，「身體」、「靈性」聽不懂人類的「語言」，他們是用「能量」在和你通訊。

「能量」所代表的含義是：它是你的本能，你本來就會，不需要去問「我要學什麼語言才能和它對話」。

### 使用「自我對話」可以讓事情更加順利

許多人（包括我）遇到不好、不喜歡的事情，會採用抗拒的方式來處理，這種方式有時候會成功。

我認同一個觀念：當有衝突、不和諧的事件發生時，它就像一塊大石頭從很高的地方掉到水中一樣，會激起大漣漪，然後過一段時間之後，漣漪會消失，水又回到原本的平靜狀態。

也就是說，這樣一個過程的發生是「必然」的，不管一個人的修為多高，也只關係到漣漪的大小而已。（修為愈高就像海水面積愈大，那麼石塊相對就小很多，但是掉下去仍然會有漣漪的產生。

我不同意「有修為的人遇到衝突應該要忍讓」、「忍一忍就過去了」這些觀念，因為它們顯然在告訴我們：你不應該擁有「完全的自由」。

但我只是想說，不論你如何去處理（你可以用很暴力、稍微暴力、或是很平順的方式處理），你都仍然要面對自己內心產生了「漣漪」這個事實。

而讓「漣漪」很平順的復原，最有效率的方式就是透過「自我對話」來達成。

### 「釋放負面能量」的「自我對話」

在〈1-5. 信念創造〉我們提到：所有的負面信念都是被「人工」方式植入的，它們不是你真正的想法。

關於這方面的知識，萊斯特（Lester Levenson）提出了一項靈性工具：

網路影片：（NewAge意識覺醒系列）Letting Go 放下瑟多納釋放法

這個「釋放法」工具是用來幫助你清除你體內的那些「不屬於你」的負面能量。

當你感受到負面能量時，先讓自己放鬆、靜下心來，然後說：「感謝（能量的名字）給我的指導、並一直陪伴我，但我現在不需要了，我宣告，讓（能量的名字）離開。」（可以重覆三次，有句話不是說嗎：「因為很重要，所以要說三次」）

這個方法是「自我對話」的一個例子，而它實際產生效果的原理仍然在能量層面上（水流，能量的流動）：

1. 應用你的感知能力，將「你不需要的能量」和「你自己」分離出來

2. 運用「自我對話」，和「你不需要的能量」說再見，並認同、感謝它曾經為你所做的（感恩的力量，將在下一篇有更多的討論）

如果「你不需要的能量」同意離開了，對你會有什麼樣的變化？（如果它不同意怎麼辦？「自我對話」的精髓就是「接納而不強迫」）

那就是：你將不再需要體驗到它所代表的負面能量、負面情緒、負面的事件！

許多學習靈性的人知道，我們的世界是在一個業力的循環（輪迴）之中。

所謂「業力」，它的真面目就是我們攜帶的「負面的創造力」（負面能量），以及它所創造的世界，也就是我們所體驗到的負面事物的總和。（而不是許多人以為的「罪惡」）

只要「業力」（我們攜帶的負面能量）存在，它就會（也只能）不斷的創造負面的體驗，這就是循環（輪迴）。

佛家所談論的輪迴轉世就是一直以相同靈魂、不同身體回到地球上來體驗、提升自己。

但是現在，我們有更有效率的工具「釋放法」，它可以讓你直接去處理「業力」的本質（負面能量），有效的改善自己的「命運」。

如果你把你的負面能量清理乾淨了，你將不會再體驗到它們相對應的負面事件，這就是佛家所謂的「解脫」、「離苦得樂」。


### 「面對真實自我」的「自我對話」

「面對真實的自我」也就是「對自己誠實」。

你可能會說：我對自己一直都很誠實啊。

但是，如果你對你的「真實自我」一無所知，你又要怎麼對自己誠實呢？

在〈2-1. 揚升旅行地圖〉我們提供你一個比較明確的方向，走向「揚升的道路」。

而在〈2-2. 關於「內在」，一切都與感知能力相關〉，我們談到那條「揚升的道路」到底是什麼？其實那條路就在你心

裡，就在你的內在。

更進一步說，其實那條路就是「你自己」。「揚升的道路」就是去重新認識你自己。

許多人以為揚升是「成佛」、「成為耶穌」。（然後在心裡還會告訴自己，那根本是不可能的）

也許，他們是對的，因為要成為一個「不是你」的人，真的是非常困難。就像我們小時候在學校，可能有某個學生每次考試都拿滿分，老師每次都稱讚他（而不是稱讚我們），但我們就是喜歡玩耍而不是考一百分。

因此，我需要在這邊重新定義「揚升」，它其實是一條讓你成為「你自己」的路。

我相信，許多人聽到這句話會解讀成這樣：讓你成為「你自己」，但我不知道那個「你自己」真正的涵義。（也感受不到）

所以，我還需要特別再強調一次：那個「你自己」真的就是你自己！而不是另一個可能你甚至都不認識的那個「你自己」。

你可能會問：我指的「你自己」不是神佛的那個意思嗎？就是身、心、靈的靈性的那個自己？

確實我指的是靈性的那個自己（高我）。

但那個「高我」並不是當你死亡、或是成佛之後才會看到，你其實隨時都跟他一起經歷所有發生的事，並且你隨時也都感覺到他。

舉例來說，情緒是最直接的，和「靈性」連結的管道。如果你仔細去研究你自己喜歡什麼、不喜歡什麼；什麼情況會

覺得開心、什麼情況不開心等等，你可能會發現自己「與生俱來」所帶有的「情緒密碼」，並從中找到「你到底是誰」的線索。（在〈2-7. 跳脫一個狀態，就不會受到影響〉將會繼續探討）

所以真相是：揚升是成為你自己，揚升的道路是你自己（在你出生以前）為你自己舖好的路，你放置了許多「時間膠囊」給你自己，好讓你可以在「正確」的時間，取得關鍵所需的訊息、人、事、物。

因此，當你能夠不受任何拘束的表達、表現你自己的時候，你就離揚升不遠了。

你是否願意讓自己在輕鬆、自在的狀態下，去掉各式各樣心中的包袱，就只是做「你自己」？

### 練習使用「自我對話」

請你可以練習在「平等」、「尊重」的情況下和自己對話，當你愈是這樣做，你的「內在」會愈來愈平靜，你的心智和身體、外在世界的衝突（聲音）會愈來愈少。

那麼，最直接可見的結果將會是：疾病將會從你的世界消失！

如果你和你的身體完全和諧的運作（沒有衝突，身體的需求、聲音都被你允許表達出來，並且你也會很有愛的去回應他），那麼你的身體將不再需要引發疾病來引起你的注意，疾病在你身上將無立足之地、沒有存在的必要，因此很自然就會消失。

你也可以隨心所欲的去應用「自我對話」。

你可以把「自我對話」應用在冥想、許願上。

　　你也可以應用「自我對話」來改善人際關係，或是和你的動物、植物對話，你可以和你周圍的任何事物對話（不一定要是動、植物才有生命）。

　　你起初可以當做練習的這樣去做，慢慢的它會變成你的本能之一，並持續幫助你提升自己。

# 6. 金錢與豐盛

本篇接續上一篇「自我對話」，繼續談論關於「心智」的議題，並提供練習方法。

本篇的主題是「豐盛」，我們將以新的觀點談論「豐盛」的本質、原理、以及達到「豐盛」的練習方法。

談到「豐盛」，不免就會談論到「金錢」，因此本篇會讓「金錢」也參與進來。

你是否希望擁有夠多的金錢？或更多？

你是否有很想買的物品？

你是否想要改善你的生活品質、生活環境？

你是否想要過更好的生活？更美好的人生？

歡迎進入「豐盛」的殿堂。

### 「豐盛」和「金錢」並無關聯

首先，我認為最需要說明的一點就是：「豐盛」和「金錢」其實並無關聯！

許多人把「豐盛」和「金錢」綁在一起的原因是：沒錢會買不起食物（生活必需品）。

當人民普遍的情況是缺少「金錢」時，就自然而然會把「金錢」當成是最重要的東西來看待。

但事實上，有錢人擔心的問題也很多，例如：「金錢」買不到健康、「金錢」買不到真心待你的人（人際關係）、「金錢」買不到時間（寸金難買寸光陰）等。

這到底是怎麼回事呢？

可見「沒錢就是不豐盛」，並不代表「有錢就是豐盛」。

也就是說，把追求「金錢」當成追求「豐盛」的實施方式，是一種不易察覺的方向錯誤！

下面我們就來說明。

**什麼是「豐盛」？**

「豐盛」實際上是一種（能量）狀態，一種「你能擁有所有你想要的」的狀態。

你是否了解你想要什麼？

以大多數人的願望來看，會像下圖這樣：

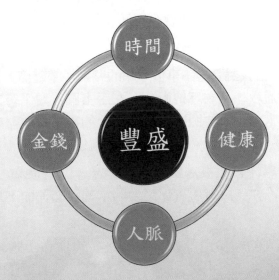

也就是說，「豐盛」的狀態是「金錢」、「時間」、「健康」、「人脈」（以及其他你想要的）都很充足的狀態。

也許很多人會說：因為我沒錢，所以我沒時間。（因為要忙著去賺錢）

但是，如果一個人賺錢的方法，需要犧牲自己的健康的時候，實際上一加一減就等於零了。（也就是說，這樣的作法對提升他的「豐盛」完全沒有幫助。）

這只是簡單舉一例，你可以把它套用在「時間」、「健康」、「人脈」上，以此類推。

你可以發現，許多人在使用（例如賺錢）的方法，都會有顧此失彼的副作用。

有許多成功學相關的書，教導同時照顧到「金錢」、「時間」這兩件事，結果效果如何呢？

只要本質上屬於壓縮時間來賺更多錢的方法，就會增加對身、心的壓力，對健康都不會有幫助（甚至有害）。

那更好的方式是什麼呢？

在〈2-5. 自我對話是讓事情平順的關鍵（基礎篇）〉中，我們舉了周伯通教「左右互搏術」（左手畫圓，右手畫方）的例子，來說明當你一次要照顧到兩件以上的事情時，需要如何操作。

你需要專注在更高層次的「一件事」上，也就是專注在「豐盛」（「你能擁有所有你想要的」的狀態）而不是專注在「金錢」。

在許多人的經驗中，很有趣的是，專注在「賺錢」並不會變有錢人；專注在「規劃時間、省時間」只會更沒時間；專注在「改善健康問題」只會更容易生病；專注在「經營人際關係」並不能更受人喜愛。

這更加說明了專注在「豐盛」的重要性。

### 「豐盛」只是自然的讓能量流動

「你能擁有所有你想要的」的狀態可能很抽象，但它與〈1-4. 處於量子狀態，才是真正的自由〉所討論到的「水流」（能量的流動）觀念是一致的。

當你產生一個意念，想要一輛車，到這輛車來到你的面前的過程，是能量的流動過程。

在這個過程中，就像讓水流進一個空的容器中一樣，如果沒有任何障礙物擋住水流，照理來說，水流很快就會填滿整個容器。

但通常的情況卻是，這個容器有很多地方堵塞了，因此水進不到容器中。

以下將說明使水流堵塞的障礙物（負債／抗拒）。

### 障礙物：負債（業力）的真相

「負債」一詞早已被用在「金錢」上，代表欠錢而必須要還的狀態。

那麼靈性相關的文章常見的「業力」、「業障」或類似的觀念，可以看成是廣義的「負債」。

狹義的「業障」就是指做了壞事而需要做好事來彌補的狀態。（是不是和欠錢沒還很相似？）

因此，當我們討論廣義的「負債」時（當然也包括金錢上的負債），你會發現，其實普遍大眾都是背有「負債」的。

但是這個「負債」（業力）的真面目，如同〈2-5-1. 自我對話是讓事情平順的關鍵（正文）〉所提到的，並不是所謂的「罪惡」。

所謂的「罪惡」、「罪惡感」，簡單說就是「覺得自己做錯事了」的狀態和感受。它同樣是「負面的創造力」所創造出來的一個幻覺、假象。它存在的目的就是維持這個三維世界，讓人們維持在容易被管控的狀態。（當你覺得你做錯事了，是不是比較願意聽從別人的安排？例如懲罰？）

因為很簡單的道理就是：<u>無論一個人欠了多少負債，如果他很積極的去償還，很快就可以還完了。</u>

也就是說，不管遇到怎樣的困境，你都可以自由的選擇要「積極面對」還是「消極面對」，而這兩種處理方式，結果完全不同！

如果你今天扮演一個負債上千萬的人，那麼你就可以體驗「突然好像做錯很多事」的感受。

如果你相信了那個「罪惡」的劇本，你就成為了一個像是「千古罪人」的人。

但是如果你不相信，而是相信你可以很快的償還負債，你就成為了那個「脫離業力」的人。

（《駭客任務1》莫菲斯被電腦人抓走，總機坦克要拔掉他的插頭時，尼歐阻止了他，並說：「我相信我能把他救走。（I believe I can bring him back.）」）

所以這代表「罪惡」本身並無法完全控制你。（雖然它有很強烈的企圖想要這樣做）

「罪惡」並不是你，但是如果你想體驗「你是罪惡、你有罪」，你可以體驗到。（我們以及很多人都在體驗了）

這就是它的運作方式，以及為什麼人們會相信自己有罪的原因。

所以結論是：<u>負債只是一種能量，是我們需要移除的負面能量。</u>

### 「抗拒」會產生「負債」

我們從「負債」的定義來看，「負債」的產生就是：當你必須要付錢的時候，你不付錢，而是採取拖延時間的方式處理。

同樣的，當你必須要做某件事的時候，你不做，而是採取拖延時間的方式處理。這是不是和「金錢」的情況很相似呢？

你會發現，當你採用拖延戰術的時候，原本必須要做的事、要付的錢並不會消失，它會堆積起來，總有一天你需要去處理。

在許耀仁老師的《揮別卡關人生》一書中提到，處理感受（無用能量）有四種方式：壓抑、發洩、逃避、釋放。

當一個人在「抗拒」某件事（感受、能量）的時候，會採用壓抑、發洩、逃避等方式處理。

這些方式都無法真正處理掉這些事（感受、能量），反而是在累積負債。

<u>所謂「抗拒」是指「抵抗自己的命運」。</u>（而不是指反抗企圖施壓你、不公平對待你的人們）

一個有名的例子就是三國時代的周瑜，在孔明「三氣周瑜」之後，周瑜在臨死前說出「既生瑜，何生亮」這段話。

周瑜因為發現到劉備的軍師諸葛亮（孔明）的存在對吳國將會是一個巨大的潛在威脅，希望在對方羽翼未豐之前趁早除掉他。

但是他一直失敗，而一計未成又生一計，到最後仍無法成功。

回顧這段故事（《三國演義》），我們可以發現當一個人在「抵抗命運」的時候，會開始做出一些衝動、考慮不周的舉動，從而加速自己的失敗。

如果局勢對你有利，你發現你眼前即將發生好事，那麼要去「接納」就比較容易。

但是，當局勢對你不利的時候，你會甘心去「接納」嗎？許多人可能就會「怨天尤人」。

所以這裡要強調的是：「接納」，是「接受你自己給自己的安排」！（而不是接受各種被虐待、不公平的待遇）

先「相信」，然後才可能去「接納」。

你相信你自己嗎？你相信你給自己的安排，都是對你有利的嗎？

有許多人，遭遇了不幸。他們自己不可能無緣無故給自己安排不幸，是吧？

但是，就像是一個英勇的戰士一樣，他為了救他的朋友，在作戰中有可能會受傷。如果情況是這樣，這個受傷就是有價值的，是吧？因為他救了他很要好的朋友。

那麼，你為什麼來到這裡（地球）？你也是為了你的靈魂朋友而來的嗎？

這些問題，現在可能都沒有答案，但你可以開始去尋找。

### 了解真實的自己，即可消除負債（業力）

負債（業力）代表還未能表達（接納）最真實的自己。

當你「接納」真實的自己，「接納」正在發生的事（自己給自己的安排）時，你就能使用「釋放法」把負面能量釋放掉。

「抗拒」的發生，只是代表你不接受你自己給自己安排的命運。（通常是發生不好的事情）

例如：為什麼我出門的時候都會下雨？（這代表你有控制天氣的能力）

當你發現「命運」正在跟你開玩笑，其實反過來看，那個「命運」主宰者就是你！

當你發現類似這樣「更高的真理」的時候，下雨還會是嚴重的問題嗎？

相信你自己吧！你怎麼可能會故意害你自己呢？

你在某些時間點為自己安排某些事件，肯定是對你有好處的。

但是這些好處，是處在「靈性」狀態的你所看到的，也許是更高層面的好處：讓你找回你真正的力量，找回你創造的世界的主導權。

如果你靜下心來，細心去體會，或許能理解你自己為什麼會這樣安排。

你可以試著用「自我對話」，聽聽看自己內心的聲音，或許你就會明白。

然後，當你「抗拒」的聲音減少的時候，當你慢慢「接納」你自己最真實的樣貌（指各方面的），你會發現不順利的事居然會愈來愈少！

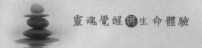

當你體驗到這個程度，你就會發現這個真相：負債（業力）只是代表還未能表達（接納）最真實的自己。

### 專注在「豐盛」，就是讓自己放鬆、輕鬆

從上面的討論，希望你也能發現到這個真相。

「豐盛」代表有充足的「時間」、「健康」對吧？

有充足的「時間」代表要減少你用來工作的時間！

「健康」代表要減少你的工作壓力！

你怎麼可能想要透過一番辛勤的努力，來達到「豐盛」呢？

「但是，如果什麼都不做，不是連錢都賺不到嗎？」

關於這部分，我們在〈1-10. 只是存在而不做任何事，代表在意識層面完成它們〉已做討論。

在此，我只討論從你現在的狀態做為起點，怎樣去達到「豐盛」的最終結果。

方向不是往「做什麼樣的努力」可以達成，而是往「怎樣減少不需要做的事」來達成。

有一項很有名的理論，稱為80/20法則：你所花時間做的事，只有20%和你的成功有關。也就是說我們至少都有80%的事，只是在浪費時間的。

你只要找出那些事，然後決定不要去做就好了。（一次找一件事就可以，慢慢進行）

哪些（你不想做的）事，花掉你最多時間？哪些（你不想做的）事，造成你最大的壓力？

你想想，如果這些事可以被你清除掉，你會有多輕鬆呢？

如果真的不行，也可以選第二名、第三名的先來進行。

總之原則就是，如果你希望改善你的人生，不要想太多「但是」，讓改變先開始。

對於改變，任何方式都可以。例如你可以選擇丟掉大量（80％）的物品、清理居住的環境、清理你的人脈等等，減少自己大量沉重的包袱吧。

當你有更多的空間，你就能擁有更多更好的東西；當你有更多時間，你就有更多「自我對話」的機會，消除更多的負債。

因此，這樣做會產生正向的循環，讓自己更輕鬆、更自由、更自在。


### 接納自己的練習：「感恩」與「許願」

只有當你真正體驗到「你給自己的安排」時，你才能夠完全相信、接納自己（的實力）。

但是，如果你不給自己機會，你又如何去體驗到？

這時，「許願」就是一個好的方式，讓你可以去實驗「對自己許願」，並觀察你得到什麼樣的禮物。

你可以對你自己的「靈性」（高我）許願，對天使、神、耶穌許願，你相信誰就對誰許願。

不過，一次許太大的願望，以致於自己都不相信會實現，就會失去實驗的意義。從小願望慢慢增加到大一點的願望，會是比較好的方式。

因為從許願到看到成果，需要一段時間（每個人、每次都

不相同），並且中間過程中，你的各種情緒反應對結果也會造成決定性的影響，所以這項實驗並不容易。

最好的方式就是帶著「感恩」的心情來許願。

「感恩」代表的是「接納」，「接納」你給自己的安排。也就是說，「接納」可以讓空的容器盡量不要有障礙物，讓水可以很順的流進容器中。

如果可以的話，盡可能不要對結果有太多的期待和設想。帶著「感恩」許完願之後就忘記也可以，繼續過你的生活。

你可以這樣想：如果願望沒實現，對你也不影響；但如果實現了，你會非常開心！

而經常許願會有另一項好處，就是：你會更加了解你想要什麼／需要什麼。

抱持這樣的想法，你就總是能繼續實驗下去。


### 如何看待「金錢」：能量流

「金錢」只不過是電腦中的一堆數字而已，但為什麼每個人都需要它、都在追求它？

「金錢」到底是什麼？

你可以想想，你什麼時候會使用到「金錢」？

你可能會說：隨時都會用到！

當你要買食物、生活用品、繳稅、付電費、買車、買機票等，幾乎所有的事都需要「金錢」。

而你工作賺錢則會有收入，使用「金錢」時會有支出，這樣就形成一個「金流」。

　　這也許是人人皆知的常識，但是你知道嗎？「金流」就是「能量流」（水流）！

　　於是，上面談論到的「抗拒」和「接納」的觀念，就可以適用了。

　　首先，先釐清一點就是，因為「金錢」的重點在「金流」（水流），所以你去專注在單一物品的單一價格是沒有太大意義的。

　　也就是說，很多人會說：某個物品好貴。（然後就沒買了）

　　這樣的想法，阻止了金錢的流出，嚴重的話可能變成障礙物。

　　如果你希望在「金錢」方面得到豐盛，你需要專注的一點就只有：讓你的「金流」（水流）順暢！

　　這代表你的「金錢」需要有進也有出！

　　當你金錢流出的通道順暢，這代表你想買的東西都可以順利買到！

　　當你金錢流入的通道順暢，這代表你能收到金錢禮物的管道是開通的！

　　如果你捨不得買某樣東西，也就是你還沒打通金錢流出的通道。（這並不代表你需要花光你所有財產去買一件很貴的物品）

　　如果你覺得你不值得獲得意外之財，也就是你還沒打通金錢流入的通道。（覺得不好意思拿別人的錢、覺得拿錢會有罪惡感等，需要去釋放這些感受；同樣的，這並不代表你可以去威脅／利誘別人給你錢）

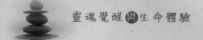
當你金錢的「流出」和「流入」都打通之後，你就為自己打通了通往「豐盛」之路，剩下的就只有等待了。

## 價格是假，「金流」是真

對許多民眾來說，我們眼睛所見的賣場，物品的價格似乎是固定的。

這就造成人們容易產生一種錯覺：一件物品應該有一個「公定價」。

但是一些比較細心的人，他們會去收集一項物品在不同店家、不同時間、不同地區的價格變化。

比較明顯的例子是：同一架飛機，不同座位、不同訂位方式，價格差距可能很大；旅館不同訂位方式，價格也大不相同；每個人所要繳的保險費不一樣。

所以一個有趣的真相是：雖然社會想要塑造「物品有公定價」的觀念，但其實價格並不是一個固定的數值。

價格對每個人的感受不一樣，每個人買到東西的實際價格也不一樣！（也許你能猜到我想表達的意思，就是「價格高低」實際上取決於一個人「豐盛狀態」的程度）

你會發現，許多賣場想增加某些商品（例如飲料）的「金流」時，就會採取促銷手段。（例如第二件半價、買一送一等）

因此，「金錢」或「價格」與「豐盛」並無關聯，真正有關的是「金流」！

你想獲得「財富豐盛」嗎？開始打通你的「金流」吧！

重點整理：

1. 「豐盛」是一種（能量）狀態，一種「你能擁有所有你想要的」的狀態。

2. 「豐盛」的狀態是「金錢」、「時間」、「健康」、「人脈」（以及其他你想要的）都很充足的狀態。

3. 「豐盛」只是自然的讓能量流動（例如「金流」）。

4. 負債（業力）只是一種負面能量；「抗拒」會產生「負債」（業力）。

5. 了解並接納真實的自己，即可消除負債（業力）；透過「自我對話」中的「釋放法」，可以移除負債（業力）。

6. 專注在「豐盛」，只需要減少不必要的事，讓自己更放鬆、輕鬆。

7. 經常以感恩的心許願，你就更能接納自己。

8. 價格是隨時在波動的，事物的真實價值應該反映一個人的「豐盛狀態」。

9. 「豐盛」與「金錢」或「價格」並無關聯，真正有關的是「金流」；打通「金流」的方式就是讓你的「金錢」有進有出。

10. 獲得「財富豐盛」的真正方法，同樣也適用「時間」、「健康」、「人脈」（以及其他你想要的）。

# 7. 跳脫一個狀態，
## 就不會受到影響（基礎篇）

從這篇開始，我們將探討到「靈性」的層面，什麼是「靈性」？如何接觸到「靈性」？如何與「靈性」互動？與「靈性」互動能帶來什麼樣的效果？

本篇正文的部分將提供關於與「靈性」互動的一個練習，可用於切斷輪迴。而在下一篇，我們將介紹「冥想」，它是在放鬆、發呆的狀態，暫時提升自己意識的方法。善用這個練習，可以讓你更快的實現夢想。

當然，這些問題的答案，都在你心中。這邊我們只是提供一個交流的機會，但是「真相」是需要被感受到的。

如果「真相」無法被感受到，那麼「真相」就不是「真相」了。

### 介紹高我、指導靈

「高我」就是你的「靈性」部分（身、心、靈的「靈」）。「靈」相對於「身」和「心」，是非常廣大的存在，而「高我」則包含在其中。「指導靈」則是來協助引導你在地球順利體驗的存在。

〔《駭客任務1》尼歐第一次看到先知（The Oracle）時露出疑惑的表情，先知說：「跟你想像的不一樣，對吧？（Not quite what you were expecting, right?）」餅乾師父居然是先知。〕

在「靈性」的世界中，即使是一個顯現出「人類」模樣的存在，都不只是一個人，他的「能量場」覆蓋的範圍很大（不

只包著他自己的身體）。

那麼我們要如何理解這看不見也摸不到的「能量場」（量子世界）呢？（可參考〈1-4. 處於量子狀態，才是真正的自由〉）

也許有些人能夠理解，小朋友在一間教室中安靜的讀書，突然有人大笑不止，會引發周圍的同學也跟著笑起來。

那麼這是什麼原因造成的呢？如果說是聽到了聲音，那更奇怪的事就是，你是否有這樣的經驗：在某個場合中，沒有任何人說話，不知什麼原因，就是很想笑／或是很想哭？（感受到特殊的能量）

傳遞訊息，其實不需要靠嘴巴、不需要靠語言，聲音可以傳遞訊息，眼神可以傳遞訊息，純能量波也可以，這就是為什麼有時你會突然有了靈感。

話語是一種低效率的訊息傳遞方式，很多時候，一個人說了一堆話，你還是不知道他到底想表達什麼。

那麼，比較有效率的訊息傳遞方式是什麼？

也就是表達明確、簡潔、並且是實實在在的內容（而不是花言巧語、話中有話）的訊息。

例如，有時候你會突然在腦海中浮現一些事（特別是當你心靜下來的時候）。那麼，這是不是有人在和你說話？例如你的「高我」或「指導靈」？

有時候，你會在時鐘、電腦螢幕上看到數字（例如連號數字11:11），也許在某一天看到2至3次。

那麼，你可以去查查看數字代表的意義，也許這就是你的「高我」或「指導靈」正在使用特別的方法來傳遞訊息給你呢！

參考資訊：《天使數字書》朵琳·芙秋天使數字0-999含義

《駭客任務1》電腦螢幕畫面突然出現「有人敲門」的訊息，在真實世界的人，讓在「母體」的尼歐的電腦上自己出現文字，藉此來傳遞訊息。

尼歐肯定很驚訝為什麼崔妮蒂或莫菲斯等人能清楚的知道他的狀況。

莫菲斯甚至還透過螢幕畫面得知尼歐的狀況，並用電話引導他逃跑的方向和時機。

這種科技和「高我」或「指導靈」所使用的未必相同，但是效果是很接近的。因此當他們傳遞訊息給你時，對你來說都是很好的禮物。

那他們什麼時候、什麼情況才會傳遞訊息給你？

答案是：他們隨時都在傳遞訊息給你，問題是你什麼時候才會去聽、去看，什麼時候才會聽到、看到。

除了用數字，他們也用周圍的人所說的話來傳遞訊息。例如你正在為了「今天要吃什麼」而傷腦筋，路人甲就提到了美食；你正在想一個工作上的難題，而路人乙正好在跟不知名人士講電話，提到了關於難題的解法等等。

為了要看到、聽到這些訊息，你覺得，應該把專注力放在哪裡呢？（忙著擔心處理不好的問題，肯定不行，不是嗎？）

關於這問題，可參考〈2-5. 自我對話是讓事情平順的關鍵（基礎篇）〉中關於「意念控制」的說明。

而傳遞訊息的方式肯定不只這兩種，是吧？

這些技術都只是讓「訊息」以這個三維幻象世界的規律合理化的表現出來。

而如果你好奇「高我」或「指導靈」的名字？

我覺得還是免了，為什麼呢？在「信息場」的人未必會有名字（可能只是純能量），也未必是你聽過的名字。並且容易陷入到另一個幻象的陷阱，也就是「因為是某某人說的話，所以我相信」。（而不是因為話語本身的價值而相信）

也就是說，對於「高我」或「指導靈」來說，他們是什麼名字並不重要，重要的是他們能幫助到你。

### 看到「天使」是否應該行禮？

關於這個議題，我主要是想談一下「靈性」領域的一個重要問題，也就是「平等觀」。

中國人燒香拜佛、行跪拜禮，西方人也有階級制度。

在這些觀念下，大家一定認為如果看到「天使」、「神佛」應該要敬禮，表達恭敬之意。

但是，我想說的是，這樣就失去了「天使」、「神佛」的本意，失去了「自由」的本意。

我們學習「靈性」、了解「天堂」，是為了脫離苦難、脫離輪迴、離苦得樂、重獲自由。

但是當你回到天堂，見到「天使」、「神佛」卻要行跪拜禮，那不是仍然沒有擺脫「階級制度」嗎？（這就像在說「神好偉大，我好渺小」一樣，你看到人們是怎麼對待自己的了嗎？）

那麼「天使」、「神佛」的世界是怎麼樣的？

如同〈2-1. 揚升旅行地圖〉所提到的「拼圖遊戲」的概念，每個人都是獨一無二的「拼塊」，因此沒有人比另一個人好、

地位更高。

因為每個人都是獨特的，所以互相尊重，這也就是「平等觀」，是我們在學習「靈性」時需要先了解的。

「尊重」代表的是不把其他人的意見強加在你身上，不使用任何方式，強迫你接受任何想法、意見。（尊重自由意志）

所以，如果你看到「天使」、「神佛」時，伸出手去和他們握手、或給予一個擁抱，我想他們都會很高興的。

〔《駭客任務1》尼歐終於見到莫菲斯時向他握手，莫菲斯卻說：「不，這是我的榮幸。（No, the honor is mine.）」〕

這也代表你如果想要獲得幫助、獲得「高我」、「指導靈」、「天使」、「神佛」的禮物，你需要主動表達意願，在心中表達「我已準備好接受禮物」的意念。


### 什麼是幻象？什麼是覺醒？

我們在〈1-7. 分辨真實與幻象〉中以「生金蛋的雞」來比喻「真相」，並說明真相並不是「非黑即白」這種二分法，而是兼容並蓄的。

為什麼真相（真理）是兼容並蓄的？

因為真相就如同〈1-4. 處於量子狀態，才是真正的自由〉所描述的，是「水流」（能量流），所有一切都是能量，並且都在流動、變化。

這真相是「整體論」的，是「合一」的。

對於能夠理解「生金蛋的雞」的比喻的人（也就是能理解「合一」的人），會知道在「真實世界」（實相）中所有人都能透過「水流」（能量流）互相通訊，因為所有人都在「合

190

一」的能量場中（也稱為「信息場」）。

因此，所謂的幻象（三維世界）也就是指以下特性：

1. 你只是現實世界中的一個「個人」，因此很渺小。（「分離」的幻象，讓你失去力量）

2. 你沒有力量左右局勢，你被世界的法則支配著。（「被控制」是幻象的目的）

3. 沒有工作，你會沒錢；沒錢你會沒飯吃。（「缺乏」是幻象的主角）

4. 你身邊的物體都是很堅固的、真實存在的。（讓你把注意力放在物質，而不是精神上）

5. 你應該聽從別人的話：父母（掌管一個家的權力）、學校老師（掌管什麼是對，什麼是錯）、工作的老闆（付你薪水的人）、醫生（掌管你的健康）、警察（限制你的自由）、法官（決定你的善惡）、政府（要求你繳稅的人）等。

當然，除了這些特性，還有許多未盡之處。

「幻象」的意思很明確，就是「它們不是真相」。

完全認同上述五項特性的人，會覺得這個現實世界就是真實的（例如：沒有工作，你會沒錢；沒錢你會沒飯吃。）這代表他們還沒有覺醒的跡象。

如果你開始不同意上述五項特性（或其他），不管從任何一項開始，都是在覺醒。

因為不管你對幻象中的任何一項感到不同意、或抱有疑問，都有可能讓你「破窗」，跳脫三維幻象世界。（這就是在覺醒的真正意義）

因此，一個覺醒的人，會了解到是自己在創造（你創造你的實相）。

因為，你在水流（能量流）之中，你的一個小動作，都可能產生水波，對世界造成影響。

### 如何與「靈性」互動

如果你在一個水池中玩水，你可以潑水、把水推向遠方來產生漣漪。

也就是說，如果你「知道」你是在水裡，那麼和水互動就不會是問題。

因此，人們的問題是出在：他們感受不到自己是在水裡。

然而，只有讓自己「放鬆」、「發呆」才能夠破解這個幻象。

當你「發呆」的時候，你可能會感覺到桌子在晃動、椅子在飄。

那麼，這是為什麼呢？

其實它們只是稍微呈現出「水流」原本的特性而已，那是自然現象。

另外，如果你讓自己沉浸在美好的世界裡，例如在微風吹過的草地、或是聽著美好的音樂，你會感受到一種很舒服、很順心的感覺。

那種很順、很舒服的感覺，就是「水流」的特性。

**與「靈性」互動能帶來什麼樣的效果？**

事實上，與「靈性」互動的效果很多、並且是神奇的。

我在這邊只提兩點：

1. 提升自己，看清真相

你需要讓你的意識狀態至少短暫的脫離三維幻象世界，才有辦法接觸到「靈性」。

我在本篇、先前文章已多次提過「放鬆」、「發呆」，就是做到這一點的方法。

而當你成功的做到這一點時，那個狀態會讓你暫時看清真相。

2. 給你帶來力量，讓你創造你想要的現實

當你能夠和「靈性」互動時，你就可以藉由「水流」（能量流）的特性，讓強大的能量流向你，並且吸收它。

當你吸收來自「靈性」的能量後，你回到現實世界（三維幻象世界），你將漸漸的把你所吸收的「靈性」能量帶到現實世界（三維幻象世界）中。

一開始你可能感覺不出有什麼變化或不同，但是如果你持續吸收「靈性」能量並帶入現實世界，你的世界會慢慢開始變的有所不同。（但是你需要去察覺，才會真正知道有什麼不同）

希望提供這些資訊，能讓你感受到「靈性」的存在，並漸漸與它互動，與它一起玩耍。

# 7-1 跳脫一個狀態，
## 就不會受到影響（正文）

在基礎篇中，我們談論了關於「靈性世界」大概的樣貌，我們接觸到的是一個「持續在和我們互動」的「靈性世界」，只要了解到通訊的方法，你也可以隨時和「靈性世界」接通訊號。

我們也談到關於「天使」、「神佛」是如何看待我們的，也就是「平等觀」。「平等觀」所代表的意義是「尊重」，「尊重自由意志」，沒有上級、下級之分。

### 改變「意識狀態」（跳脫一個狀態）才能真正提升

許多人認為要提升靈性水平，需要「做」很多事。（例如做功德、捐錢、吃素等）許多人甚至認為，要提升靈性水平，有很多不能「做」的事。（例如殺生、喝酒、吃肉、男女關係等）

如果你看過〈1-10.只是存在而不做任何事，代表在意識層面完成它們〉這篇的話，希望你會理解「不做」是多麼重要的事。

它代表的是一個意識的狀態，一個不依靠你「做」什麼事來維持的狀態，一個自然而然就存在（並且可以維持住）的狀態。

除非你本來就在那個狀態，否則你是無法靠「做」什麼去達到的。（如果一個人本來就很懶，他想靠著「做」一些事去改變，變成「不懶」，那他將徒勞無功）

從這個討論，我們會發現：你無法靠「做」什麼去改變，但是你可以改變「意識狀態」。

改變意識狀態，也就是「跳脫一個狀態」，它的過程就像轉移注意力一樣。（下面會介紹一個簡單的3秒鐘練習）

例如你很專注的在擔心這個月錢不夠用了，突然聽到美妙的音樂，這音樂好像在哪聽過？想著想著，就忘了剛才在擔心的事，變得開心起來了。

也就是說，「狀態改變」才是唯一可以提升靈性水平的方式，而它無法靠人工去「做」出來，它只能自然產生。

### 靈性提升，不用全靠自己

有人會問，在「狀態改變」還沒發生之前，能不能先「做」些什麼去「引發」它呢？

其實從上面的描述，你也許也很容易看出答案是「No」，但實際上許多人都不斷的在嘗試走這條路。（但結果通常都幫了倒忙）

因此，稍微了解「靈性提升」的過程可能會有幫助。

首先需要知道的是：靈性提升的工作，不是只有你一個人在做，而是整個天使團隊在幫忙你。

這就像是一個患了重病的病人，需要乖乖躺在病床上，讓醫生們來治療他。（而不是自己一直亂弄）

以下是我所理解的「靈性提升」的過程：

1. 放鬆、發呆（準備好接受療癒，否則天使們無法、也沒有權限對你做療癒）。

2. 身上的負面能量漸漸被吸出表面、並被移除（負面能量

可能會引發負面思想、負面情緒，這些都是正常現象。
如果可以，盡量讓它們自然產生，自然流出、消失）。

3. 如果你的負面能量已經不多，就會體驗到強大的正面能
   量流入（造成各式各樣身體上的不適，例如疼痛、腹
   瀉、腫脹、發癢等，稱為「揚升症狀」）。

4. 過程隨時可停止。

現在你也許會比較清楚，為什麼我一直強調「放鬆」、
「發呆」，那是唯一你可以做的。（其他的都是天使團隊的工
作）

### 天使為什麼要幫你？

每個人都有自己的守護天使，和你的「靈性」部分連接。

你的「靈性」（也就是「高我」，更高維度的你）肯定會
幫你，是吧？因為他就是你自己。

而其他的「指導靈」、或是「天使」、「神佛」等，他們
為什麼要幫你？

在人類的世界，似乎會認為「因為你付錢，所以別人給你
服務」。

但是在「靈性世界」（量子世界、天堂、信息場等，請看
成相同意思即可），所有人都在「水流」之中，互相影響著。

「指導靈」、「天使」、「神佛」以「平等觀」看待我們
（互相尊重），因為我們其實也在「水流」之中。

因為都在「水流」之中，互相影響，所以「幫助整體，就
等於幫助自己」。同樣的，「幫助自己，就等於幫助整體」。

### 要跳脫什麼狀態？

在「水流」中，所有的事都是息息相關的。當你真正解決了一個問題，你同時也解決了許多相關的問題。

因此，我們就提供兩個最關鍵的項目：「罪惡感」、以及「懊悔」的狀態。（其他可參考〈1-5. 信念創造〉對負面信念的說明）

「罪惡感」與「負債」是相同的負面狀態（負面信念）；而「懊悔」是被困在某個過去的時間（負面事件）的狀態。

當一個人覺得自己做錯事了，可能會同時產生這兩個狀態。而我把它們分開，是因為它們不必然要一起出現。

有些人產生「罪惡感」時，並不記得他們犯過什麼錯，他們只是把自己當成罪人一樣看待自己。（也就是「罪惡感」只是一種狀態）

當他們跳脫了「罪惡感」狀態，他們會重獲自由。（因為沒有任何事欠著而需要去完成）

而「懊悔」狀態則是會一直重播某個負面情境（畫面），每重播一次就重新體驗一次，造成輪迴而無法跳脫。

當他們跳脫了「懊悔」狀態，那些負面情境不再被重播，他們會完全忘記當時的人、事、物，或是忘記人、事、物與負面事件的關連性。

### 沒有所謂的「罪惡」

一直以來很奇怪的現象就是：有些人似乎很理所當然的在做傷害他人的事；而許多沒有傷害人的人，卻常常有「罪惡感」。

因此，結論就是，其實根本沒有什麼事是「罪惡」。

這話怎麼說呢？難道殺人不是罪惡嗎？

一般來說，殺人是罪惡，是吧？

但是「死刑」是不是罪惡呢？（殺死壞人，反而可以救更多人）

如果「死刑」不是罪惡的話，也就是殺人不一定是罪惡，還要看為什麼殺人、殺的人是怎樣的人，是吧？

於是，「死刑」變成一個有爭議的話題。

換句話說就是，到底什麼是「罪惡」？「罪惡」根本就是一個不完整的理論。

雖然什麼是「罪惡」常常沒有答案，但人們卻總是要說某些事是「罪惡」，這不是很奇怪嗎？

拿一個不完整的理論來使用，就像醫生把還在實驗的藥物使用在病人身上一樣。它並不合理，但卻每天在發生。

從本質上來看，其實每件事都有可能是「善」，也可能是「惡」。（就像殺人的例子一樣）

也就是說，事情本身並無善惡之分，還是要從「意念」（動機）來看才準。（如果認為無法看出人的「意念」（動機），那不管怎麼做，結果都會變質，都無法完美的解決）

這就是「沒有所謂的罪惡」的解釋。

希望你能夠釋懷，不要再阻止自己去做自己想做的事，不要把心中真的想做的事貼上「罪惡」的標籤，這是邁向自由的第一步。

### 不用為了發生的事懊悔

關於「懊悔」，有三件事是需要知道的：

1. 事情是假，感受是真（如〈1-11. 奇蹟，是意識在擴展／解放〉所說明的，事情的發生只是在創造感受）

2. 會發生的就是會發生（物體太重就是會往下掉；壓力太大就是會生病）

3. 在量子世界，任何發生的事都可以被扭轉（時間、記憶也只是能量）

針對2和3再做一點說明，第2點就像「莫菲定律」所說的一樣：**會出錯的一定出錯**。很多「不好的事」的發生，其實從能量上來看，是必然的。（帶有負面能量，就會引發負面事件）

而事情發生的作用，其實是讓你可以去了解一下，自己目前處在什麼樣的狀態，是不是有必要「改變狀態」？（而不是讓你專注在事情本身，造成不斷的去引發相同或相似的負面事件）

當你狀態改變了，原本一直循環的事，也會減少或消失。

關於第3點的說明，一種很難消除的負面事件就是：因為我做了什麼事，造成一個不好的結果，而那個結果到今天還一直影響著我（或親人、朋友）。（例如：我的親人因為救我而去世了）

但是，當你取出你過去時間的記憶碎片時，你引發了和當時類似的感受，而這個感受是你現在（當下）可以感覺到的。

如果你的狀態改變了，你對那塊記憶碎片的感受也會改變，那麼，你其實就在改變你的過去！

〔如同〈1-4-1. 處於量子狀態，才是真正的自由（後記）〉

所提到的，在量子世界是沒有現在、過去的區別的）

　　舉例來說，如果你消除了一些負面能量，這表示你感受一些負面事件時，受影響的程度不會那麼大。（但是，你的敏感度會增加，就像一個不抽菸的人在房間聞到一點點菸味都會覺得很難受一樣）

　　受影響的程度愈小，代表你感受之後，不舒服的時間會縮短，會更快的回到原本平靜的狀態。（就像水中漣漪恢復平靜的速度）

　　這時候，這個負面事件（以及相關的其他負面事件）慢慢的就不會一直浮現出來，它們會被遺忘掉。

　　你甚至會忘記「那件事是多麼的糟糕」這一點。

　　當你想不起一件事「如何糟糕」時，許多和它有關的想法，也漸漸失去存在的必要性。

　　這就像一間房子，地基被打掉了，整棟房子也就垮掉了。（也就是跳脫一個狀態，就不會受到影響）

　　這時，引發你的負面情緒的負面事件，也就該功成身退了，它也失去存在的必要性。這就是關於如何改變你的過去／歷史（就像「曼德拉效應」）。

　　當你收回許多過去時間的記憶碎片，然後再重新賦予它們新的意義時，你就在改變你的人生（過去／現在／未來）了。

### 跳脫狀態的3秒鐘練習

　　也許前面的描述讓你覺得改變「意識狀態」是很難的事，那麼接下來我們會談到一些簡單的練習。

　　也許你會問，「改變狀態」不是無法人工「做」出來嗎？

那又為什麼可以練習？

前面的說明主要是想讓你清楚操作的方向，不要想要去「做」什麼事，而是只是「存在」即可。

做事（Doing things）是對外在世界（現實世界）做操作，例如把一本書拿起來。

存在（Being）是對內在世界（意識、靈性、量子世界）做操作，例如感受書本上的圖畫。

如果你經常會說一些抱怨的話，而你也知道這些帶有負面能量的話語，會給你帶來不好的影響，那麼要怎麼跳脫這個輪迴呢？（請試著替換成自己實際的問題）

你可以試試這個練習：在說話前，先給自己3秒鐘的時間，3秒鐘後再把話說出口。

許多人生活的步調可能一直是非常快的，連說話都很快。因此，這個3秒鐘的練習，對許多人來說也許是相當困難的。

他們會說：「對方問你問題時，你怎麼可能會有時間停個3秒再回答？」（你不覺得就是那個「快速回答反應」讓你生活的步調如此緊張嗎？）

有些人會說：「如果我停個3秒，別人一定會覺得我很奇怪。」（其實停幾秒再說話本身並不是問題，問題是你無法允許自己在平靜的狀態下說話）

但是，對於能夠做到的人，別人對他們的印象就會是「很冷靜」、「很老神在在」、「不疾不徐」等等。（你看，這些並不是負面的評價）

那麼，這3秒鐘要做什麼？

1. 讓自己靜下來

2. 體驗一下自己現在的感受

3. 從內在尋找可以表達真實感受的話語

實際上，這幾件事都不是用「做」的，都是體驗和感受而已，也就是先讓自己進入內在（處在覺知狀態），然後再處理你要處理的事。

而它最大的效果就是：切斷輪迴，跳脫狀態。（即使是小小的習慣，小輪迴也是重要的）

### 進入「恍神」（發呆）狀態的效果

這邊大概舉一些例子，讓你感受一下，跳脫一個狀態對現實世界（外在世界）會有什麼影響？

#### ・危險體驗心得

我本人有幾次神奇、但也是危險的經驗，一次是大學同學騎機車載我，中途遇到車禍，同學突然緊急刹車，於是我整個人往前飛，但是結果完全沒有受傷。

回想當時我做了什麼？就是突然覺得這車禍很不真實，進入恍神狀態。

第二次是當兵時，有一次夜晚周圍只有我一人，走路不小心掉到坑洞裡，同樣進入恍神狀態，似乎有擦傷，但回寢室後一看，擦傷並不嚴重（沒有破皮）。

以上兩個事件很相似，都是進入恍神狀態而取得了神奇的效果。如果當時我不是進入恍神狀態，而是緊張或擔心會有不好的後果，結局可能會大不相同。

#### ・減輕疼痛

當你感覺到身體的某些疼痛時，進入恍神狀態可以減輕疼

痛。

而當你減輕疼痛後，可能這件事對你就不會構成問題，你將不會總是將疼痛歸咎成是疾病。

參考文章：[昴宿星人]指揮PB星塵技術──體驗心得

・人際關係的改善

人與動物一樣，在受到攻擊的時候會啟動「防禦模式」或「反擊模式」。

同樣的，面對具有攻擊性的話語（挑釁、質疑、挑戰、責備等），人們自然而然會啟動「防禦模式」或「反擊模式」。

這樣的反應模式，會使人際關係更加不和諧。甚至原本是兩個人關係不和諧，慢慢的其他的人也受到波及，在整個群體中，人們變的無法互相信任。

那麼「恍神」或「3秒鐘練習」對攻擊性的話語能有什麼幫助呢？它能避免你啟動「防禦模式」或「反擊模式」，至少可以延遲或減緩這個反應，熟練後甚至能不需啟動。

神奇的事就在這邊發生作用：對方用言語攻擊你時，你不回應，反而讓對方不知如何下手！（就像用拳頭去打一位太極拳高手，力道完全被化解一樣）

你也可以去嘗試使用看看，或許你會有新的體驗心得。

## 「三角合一」超越二元性

我們在〈1-7. 分辨真實與幻象〉討論到《銀河光之家族》一書提及的「三角合一」，它是一項超越二元性（好／壞、是／非、對／錯）的重要概念。

要超越三維幻象世界的二元性，就需要去融合事物的兩

個面向（好與壞、光明與黑暗、男性與女性等所有二元的東西）。

所謂融合，就是「接納」、「合一」。承認兩個面向同時存在，並且同時存在你（我）之內。

如果你不理解黑暗，不理解他們為何會有破壞性的行為、為何會傷害人、為何會自私自利，你就無法融合黑暗。

為了達到融合的目的，我們需要去體驗「黑暗」，這就是融合黑暗的必經之路！

這又回到「罪惡感」的問題了，還記得我們上面談論到「沒有罪惡」嗎？

我們談論「罪惡」時，我們得到的結論是：判斷是不是「罪惡」，只能看動機。

那麼「三角合一」告訴我們的是，從「靈性」層面來看、從高維度的層面來看，我們體驗「黑暗」，我們去做一些壞事，是為了理解黑暗，然後達到融合的目的。

如果你也同意這個觀點（動機），你就不用擔心自己做錯事、做壞事，會成為罪人了。

在更高的層面（靈性），天使、神佛並不是以罪人來看待你（我們）的，所以請放心去體驗黑暗吧。

當然，在體驗黑暗之後，還要有融合這個步驟，是吧？

當你體驗黑暗之後，自然是被黑暗包圍、被黑暗影響，被「罪惡感」、負面情緒困住而不能自拔。

這時候，要如何再回到像光明一樣自由自在的狀態呢？

「跳脫一個狀態，就不會受到影響」

因此，本篇所討論的工具（例如轉移注意力、3秒鐘練習、

恍神或發呆等），就會是你所需要的了。

也就是說，這些「跳脫狀態」的工具，是在你體驗「黑暗」之後可以隨意使用的。

有了這些「跳脫狀態」的工具，你就可以放心的去體驗「黑暗」而不用擔心被困住。

祝福你順利，在體驗「黑暗」之後，平安的返回「光明」，那麼你就可以融合黑暗，達到「三角合一」，學到我們在這裡（地球）所想要的東西。

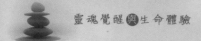

## 8. 透過強大的意圖，影響即將發生的事

我們在上一篇談到「意識狀態」的觀念，跳脫一個狀態，而進入到另一個狀態，使自己（暫時）不受原本狀態所對應到的世界的影響。

而本篇我們將談論進到另一個狀態的時候，在那個「更高的狀態」進行互動，並把「更高的狀態」的能量帶回原本的狀態，達到影響（改變）現實世界的效果。

這樣的方式，被稱為「冥想」（Meditation）或是「超覺靜坐」（Transcendental Meditation）。（英文都有Meditation）

這到底是一個什麼樣的技術、方法？如何進行？它有什麼樣的效果？本篇就來詳細談論。

### 你能感覺到「水流」（能量場、能量流）嗎？

對於看得到能量場（光、光暈，Aura）或感覺得到能量場的你，本身就知道如何與它互動。（就像身在「水流」之中，自然就知道如何玩水，如何讓水產生波紋、漣漪）

因此，本篇的內容，主要是寫給看不見、也感覺不到「水流」（能量場、能量流）的你。

在你還未擴大「意識狀態」到能感知能量場之前，所有這些事對你來說可能都只是空談、迷信而已。

但是只要你在任何情況下，有任何經驗讓你感覺到能量場的存在，即使只有很小的感覺，都是很有幫助的，請找回並保存那些記憶：

### 1. 感知能量

舉例來說，你曾經有過手或腳感覺熱熱的、被電的感覺（麻麻的、或手、腳突然跳動一下）、能感覺到磁場（拿著磁鐵時，兩個磁鐵靠近會相吸或相斥）、聽到有人叫你、很安靜時會聽到聲音、視線外覺得有東西飄過去……等。

以上的描述都是關於：存在一些感覺，它們跟現實世界的物品、發生的事不太有相關，但你卻實實在在的感受到。

### 2. 感知夢境

如果上述都沒有也沒關係，你可能睡覺時會做夢。在夢裡，你可能進到一個世界裡，你可能摸到夢境世界的某些東西。那麼請問你，那個摸到東西的感覺是否真實？

《哆啦Ａ夢》的劇情是：用機器人拉你的臉看看，如果會痛就表示不是做夢。

但如果這一招對你行不通（在夢裡也會痛），代表你的夢境世界比一般人來的真實。

### 3. 感知世界

另外，在你的日常生活中，你是如何感知事物的呢？

我們以開心的回憶來舉例（但如果你不得不回顧不好的回憶，也不用太擔心）。

你享用一頓美食時開心嗎？戶外旅遊時開心嗎？當你拿起以前的照片時（如果很久沒這麼做了，不妨現在就試試？），看到以前去過的地方、以前的各種經歷、以前的朋友、以前留下來的物品等等，是否會回想起一些過去的回憶？

以前的你，和現在的你有什麼不同？

你還記得以前你對這些事的感受嗎？例如你以前看到戶外旅遊的風景（或其他，例如以前的朋友）時感受如何？

　　現在的你，再看到這些戶外旅遊的風景（或其他，例如以前的朋友）時感受如何？和以前感受一樣嗎？

　　你「感知世界的方式」是否有變化？為什麼呢？

### 4. 感知自己

　　請你看著你手上的紋路，它們是什麼形狀的？不同的部位是否有不同形狀的紋路？

　　你是如何感知到「你自己」的呢？（例如你的手）

　　你會照鏡子嗎？你感知到的自己，和鏡子中的一樣嗎？

　　當然，這裡的重點不在於回答上述問題，而是跟隨上述的引導，實際體驗一次。

　　當你實際去「感知」的時候，你就在跟「水流」（能量場、能量流）互動。

　　而當你能跟「水流」（能量場、能量流）互動，你就是在為擴大意識狀態做準備。

　　因為，只需要持續進行互動就可以擴大意識狀態（但是久而不用就會忘記，就跟開車技術一樣），這就是這個練習的主要目的。

### 什麼是冥想？

　　冥想的目的是讓自己提升／擴展意識狀態，暫時提升創造能力，並進行創造。

　　許多人可能會把冥想和打坐、靜坐劃上等號，但事實上，冥想是沒有特定形式的。

有些人可能學過一些冥想的方法。

也許你認為我會在這裡提供冥想的「正確方法」。

不，我不是來教你怎麼冥想的。你可能甚至沒想過，「你可以自己決定什麼是冥想」。

你會說，冥想至少要坐的像打坐那樣吧，那我就舉《光之手》（芭芭拉・安・布藍能，Barbara Ann Brennan）這本書來說明，書中提到冥想可以進入意識擴大的狀態（重點是到底什麼是冥想？）：

「我也發現透過慢跑、走路、釣魚、坐在沙丘上觀看起伏的波紋，或者像我兒時一樣坐在森林裡，都能進入意識擴展的狀態。你已經在這樣做了，無論你稱它為冥想還是遐想，或是其他。」

也就是說，「放鬆」、「發呆」就是冥想。

你可以在做任何事的時候進入冥想狀態。（不過請確保沒有安全顧慮）

而睡覺做夢的時候，其實也在冥想。

所以冥想其實是代表一種「意識狀態」，也就是進入以「靈性」為主導的狀態。

每個人都帶著兩種狀態在地球上生活：一種是個體狀態，著重在身體以及外在、現實世界；另一種是整體（合一）狀態，著重在內心世界。（〈1-8. 對於創造，1和100並無不同〉所提到的「體驗者」及「創造者」）

因此，冥想就是轉換到「整體」的那個狀態。

在那個狀態，你不會去關注局部的「問題」；你不會很認真的看著一樣東西。即使你眼睛張開，看著某個方向，也只是

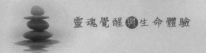

若有若無的看著，不需要看的很清楚。

請大致了解這樣的「意識狀態」即可，至於你要坐著、站著、躺著、跑步、或採用你自創的方式進行都可以。

### 冥想時實際發生的事

當你進入到上面談到的「冥想」狀態（也就是「放鬆」、「發呆」的狀態），實際上會發生的事是：

### 1. 打通能量流

當你不常進入「冥想」狀態（也就是「放鬆」、「發呆」的狀態）的時候，你的容器是阻塞的，如〈1-11. 奇蹟，是意識在擴展／解放〉所提到的冰塊一樣，而當你進入「冥想」狀態，你就是在讓冰塊一點一點的融化。

也就是說，「冥想」要看到效果，需要先有一段時期經常「冥想」，等冰塊融化的夠多的時候，「水流」就能流進你，那時就會開始有效果。

而如果持續很久時間沒有讓自己「放鬆」、「發呆」，又吸收了許多負面能量時，水就會又結成冰塊，那時就又得重頭再來。

### 2. 讓高維的能量流進你

當你打通能量流之後，強大的能量就會流向你。

這代表的意思是，也許你經常「冥想」，並且每次花了不少時間在使冰塊融化。那麼當你打通能量流（打通經脈）之後，下次再開始「冥想」的時候，就會花更少時間，就能感受到能量的流動。（這是一個漸近式的過程）

### 3. 提升顯化的效率（速度、效果）

當你打通能量流，並且習慣讓高維度的能量自然的流向你，那麼它就可以成為你的創造工具。

當你有什麼願望想要達成的時候，你就可以把它當成一個項目，加入到你的冥想中。

請注意，我並不是指為了某件事，而特地去做一個冥想，然後太過期望那件事可以成真。而只是把它加入你本來就會進行的冥想而已。（原理在下面會談到）

### 冥想真的有效嗎？

如果你有這個疑問，那首先要釐清的是：你希望冥想帶給你什麼效果？

例如，你可能會說：「我做了冥想（或做了很多次），還是常常發生不好的事、願望還是沒有實現……等等。」

對許多人來說，冥想效果不明顯（或完全沒效果）的原因可能是：還沒打通能量流。

也就是說，如果冰塊還沒融化，那你就很難看到「水流」，很難享受到水流動所造成的變化。

冥想能實現願望的原理是：在自然的狀態下，在「水流」之中，你的願望會非常快的實現。

這個世界（地球）有時間緩衝，所以一個願望需要過一段（可能很長）時間才會顯現。

但在「量子世界」、「水流」之中則沒有時間的緩衝，因此創造的顯化（顯現）時間可以縮到很短。

因此，進入到「水流」之中做許願的動作，比起你在現實世界許願有效的多。

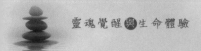

另一個對許多人來說可能的問題是：會常常去檢查冥想到底有沒有效！

在〈1-4-1. 處於量子狀態，才是真正的自由（後記）〉中談論到「量子疊加態」（也就是真正的自由那個狀態），是一個包含所有可能性的狀態。

而當觀察者去「開箱」檢查的時候，那個狀態就消失，變成單一狀態（你想看到的狀態）。

也就是說：「檢查」本身就是一個會影響結果的動作！

而人們通常會常常去檢查冥想有沒有效，都是帶著「懷疑」、「不相信」的心態去檢查的。

「我懷疑、不相信冥想會有效」，檢查的結果通常會如他所願。

因此，冥想其實是一個很奇特的遊戲：在你許願後，在還沒實現之前，盡量不要去檢查願望有沒有實現。（也就是平常心看待）

這也許就是許多人願望很難達成的原因吧。

如何能做到「平常心」呢？

這是一個「創造」的遊戲，如同〈1-8. 對於創造，1和100並無不同〉所提到的：

1. 創造是分享你所擁有的東西

2. 創造，是在創造體驗

3. 你無法創造你所沒有的東西

當你專注在某個單一事件、物品、人，你會發現你的創造力就不見了。取而代之的是，你感覺到你無法掌握一切。因此，就會擔心事情不如你所願。

而「創造」是專注在「整體」，專注在你所能掌握的那些事：你的身、心、靈（提升自己）；你的內心世界（劇本、導演、演員都是你）；外在世界中，你所擁有的部分（而不是別人掌控的部分）

如果你想讓自己自由，就不要去控制他人。（控制他人就是控制自己）

這些大概就是「平常心」的原理。

### 冥想練習範例

在Youtube搜尋「冥想」，就會有很多影片供你選用。

冥想大致有以下類型：

### 1. 個人冥想 VS. 集體冥想：

個人冥想就是你自行決定在何時、何地進行的冥想，包括冥想的內容、方式；集體冥想就是許多人約定在同一時間，相同或不同地點進行冥想。

集體冥想可以產生強大的能量波。

如果冥想的目的是個人療癒，集體冥想產生的療癒力量（效果）是相當驚人的。

我個人的經驗是參加了一次許耀仁老師舉辦的集體釋放活動（使用釋放法，清理負面能量），眾人在一個房間中靜坐，過一陣子，許多人都出現了能量反應：我是忍不住的很想笑，有些人是哭出聲音來。

那次出現能量反應之後，回家以後在日常生活中，就感覺到身、心變的更輕鬆了，遇到事情產生的情緒反應也小很多。（當然也比較不容易遇到不好的事）

集體冥想也可以用來改變現實世界。（以物理學來說，所有的一切都是能量）

## 2. 主動式冥想 VS. 被動式冥想

主動式冥想是指「有目的」的冥想，而被動式冥想是指「沒有目的」的冥想，也就是真正的「發呆」狀態。

這個類別似乎很少被討論到，也就是說，大部分我們聽到的冥想都是「主動式冥想」。

如果要進行「主動式冥想」，需要注意的就是上面提到的「平常心」，因為這樣才能更有效的發揮冥想的力量。

因此，就產生了一個疑問：既然「主動式冥想」還是需要「平常心」，那為什麼不採用「被動式冥想」？

事實上，「被動式冥想」是我個人比較喜歡的方式。

但是對於生活忙碌、難於靜下心來冥想的人來說，還是「主動式冥想」較容易進行，冥想時可以配合網路上的影片、錄音，透過放鬆的引導以及清淨的音樂來達到冥想的效果。

因此，我只是在這邊提供一個想法：冥想也可以沒有目的。

如果你能夠做到經常性的冥想（例如每周、每天進行），那麼你也可以來試試「被動式冥想」。

從第一次開始冥想，它可能是一件很困難、辛苦的事，畢竟要坐著不動一段時間（例如15～20分鐘）。

之後，你可能在網路上找到不錯的冥想影片，讓你更容易的放鬆，並且習慣一個固定長度的冥想時間。剛開始可能不到5分鐘就覺得很累、很想動、坐不住等，漸漸的可以坐到10分鐘、15分鐘都沒問題。

那麼，再接下來就可以試著縮短「進入冥想狀態」的時間。

如果「進入冥想狀態」的時間夠短，甚至你可能在你的日常生活中，都會不經意的進入冥想狀態。

那麼，這樣的冥想，我稱之為「被動式冥想」。

「被動式冥想」可以隨時隨地進行（請確保在安全的時候進入），沒有姿勢限制，也沒有時間限制，隨時可以開始，隨時可以停止。

進入「被動式冥想」時，腦中會自然而然的閃過各式各樣的畫面（或聲音），每次都不大相同。也就是說，不刻意的去想像某個畫面（或聲音），而是自然產生畫面（或聲音），這也是很有趣的體驗。

使用「被動式冥想」可以更有效的把高維度的能量帶到你的世界，因為當你在現實狀態（清醒狀態）時，不經意的冥想（發呆）就像是讓「水流」從各個縫隙中滲透進來，讓「水流」填充你的現實世界。

漸漸的你可能就會遇到問題：走路的時候能不能冥想？（在〈2-4. 練習去玩自己的身體〉中提到的問題）

到那時，你自己就能夠回答這個問題。（在那之前，不需要一直去試）

### 3. 無動作 VS. 誦唱咒音 VS. 肢體動作

如上所述，冥想沒有什麼固定的形式，此類別只是較常見到的方式而已。

有的冥想是「無動作」的，也就是只需坐著（或其他姿勢）即可。

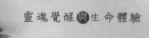

　　有的冥想需要一邊「誦唱咒音」，讓聲音所產生的聲波振動也加入，產生共振效果。

　　有的冥想需要一邊進行「肢體動作」，例如跳舞，讓舞蹈動作產生的「水流」波動加入冥想之中。

　　以上方式提供給你，讓你可以依據你的喜好、需求去做選擇。把冥想當成一個遊戲，好好的玩看看吧。

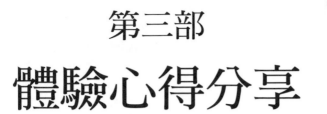

# 第三部
# 體驗心得分享

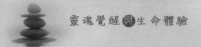

# 1. 無為／無我的線索

完成於2016年10月1日

**什麼是無我**

「無為、無我、空」等等的概念常被認為是道家、佛家人所描述的「開悟」狀態。達到開悟狀態的人（神），相當於正在創造天堂般的世界，而追求開悟的道路，則是以巴夏「最大興奮」為明燈，指引我們前進的方向。

（註：關於巴夏傳訊之網路資源：

巴夏傳訊影片

【新】【全線閱讀】20180609《巴夏信息》）

「無我」的狀態是我們比較難去想像或體會的，不過還沒達到「無我」的狀態相對就比較好描述，它就是「有求」的狀態，也就是「有想要得到的東西／希望發生的事件」的狀態。在這種狀態下，我們有「需求」、有「渴望」，甚至覺得我們得不到一些我們想要的東西。

反過來說，「無我」的狀態是什麼？可能比較容易想像了，它就是「無所求」，也就是「我擁有一切我想要的」的狀態。當我們擁有一切，或是完全相信我們會得到我們想要的東西時，表現出來會是什麼樣子？「無我」也就是不需要「存在感／被愛」的狀態；「無為」也就是不需要任何「有目的性的作為」的狀態；「空」則是心裡完全沒有雜質（雜念）的狀態。如同金剛經所說，這些狀態並不是什麼都沒有，而是全然被某種能量包圍的狀態，就是「愛」。

也就是說，「空」並不是很悲觀的覺得我什麼都不求，而是因為擁有的太多了，而想要把這個「愛」分享出去的滿足

感，甚至透過對宇宙皆是一體（一體性）的理解，生出同理心、慈悲心等，也都是自然而然產生的。

**被愛與愛的關係**

外在是內在的投影，當我們缺乏／需要「愛」的時候，外在的情境會試圖讓我們感覺到不被尊重、被欺負、不平等對待等等，有的人會開始怪罪其他人，有的人會開始懷疑自己的能力。但其實這是我們自身的投影，「缺乏愛」的投影。

若我們知道這一點，又應該如何行動呢？

「停止想要，立即擁有」與巴夏第13步，有異曲同工之妙。我們知道餓了，就需要吃東西；累了就需要休息。同樣道理，我們需要「愛」，是不是就要「給予愛」呢？問題是，誰能夠給我們自己「多一點愛」？

答案是否顯而易見了呢？只有我們自己。

「多愛自己一點，世界就會回饋給我們更多愛」這是吸引力法則的原理。

因此，問題就會變成「如何多愛自己一點」？

先找一找自己對待自己苛薄的地方吧，是否常常讓自己不開心？讓自己處於壓力狀態？讓自己處在很趕的情況（趕車、趕工作）？

改善這些小細節，世界就會變的更美好嗎？答案絕對是Yes!

另外一個問題是，我們如何分辨「愛」與「被愛」？

當我們愛上一個人時（或喜歡），我們是喜歡「主動去愛」？還是喜歡「被愛的感受」？

缺乏愛（被愛）是一種陷阱，它帶來惡性循環（缺乏愛→

想要更多的愛→更缺乏愛）。若我們處在這樣的狀態，會發現事情只會愈來愈糟，跟關心自己的人關係愈來愈不好等等，這些可以做為線索。

主動去愛、關懷他人的好處是，我們完全不需要擔心我們關心的人會離我們而去。事情只會愈來愈好，會離我們而去的人，是頻率不合的人，我們只需要尊重對方的選擇。

上一句之中，有一個問題，「為什麼對方離我們而去，是一件好事？」

當我們感覺到自己狀態愈來愈好時，還是有一些人會離開，但我們的狀態還是愈來愈好。這時就會需要去想一個問題，也就是什麼是自己人？什麼是家人？

## 家人 vs. 別人 ／ 自己人 vs. 敵人

在社會上我們所認為的「家人」當然是自己家的人，也就是戶口名簿上登記的那些人。而「自己人」則可能指在工作上或團體上自己可以信任的人。

可是當我們在走「開悟」這條路時，有可能在短時間內，心靈狀態有很大的轉變。這時我們的外在世界也會跟著轉變，在自己內心允許的情況下，與自己頻率不合的人，碰在一起的機會減少。這些人有可能是親人、朋友、同事等原本交集很深的人，因此會有比較明顯的感受。

藉由感受這些變化，我們對於一些原本覺得很「理所當然」的事，開始產生懷疑，漸漸打破原有的認識，而產生新的、更廣的概念，我們即藉由這些提升，慢慢的會達到開悟狀態。

到達開悟狀態的人，對於自己人／家人會是什麼樣的理解

呢？（這是否也與所謂「出家」的概念有關呢？）

### 有條件之愛 vs. 無條件之愛

我們每個人都有「主動愛人」的能力，這是我們的天賦。不過我們會有所設限，只對自己人／家人付出愛，或是只對某些人付出愛（我們覺得比較厲害、比較帥、比較可愛）。這是正常現象，只要我們有眼睛，這情況都會存在，所以我們也不需為此否定自己。

但是在我們「提升」的過程中，這個「條件」會慢慢被放寬，我們在學習付出更多的愛，心中的設防愈來愈少，同時也因為付出愛，我們自己收到的回報又更多，世界更加美好，在這個正向循環中，很快的我們會愈來愈接近神佛的「無條件之愛」。

當我們的「需求」愈來愈少時，心中滿足感愈來愈多，「分享」變成是愈來愈快樂的事，這樣的狀態也就愈來愈接近「無為」、「無我」、「空」的狀態。

（我們不討論是不是已達到，只討論接近，那是因為是否已達到只有自己知道，只能「自證」，無法討論）

### 無為的人在做什麼？

未完成，暫留予大家討論及想像的空間。

# 2. 邁向美好人生之路
## ——那些直覺教會我的事

完成於2017年11月1日

「跟著感覺走」一直是人們不敢去做的事，好像它會帶來不好的後果。

但如果實際去做了，又會有怎樣的故事呢？

筆者認為照著直覺走，有以下好處：

1. 不太需要傷腦筋，凡事都會有自然的處理方式

2. 習慣簡單、不複雜的生活方式與人際關係

3. 易於減輕壓力

4. 能更真實的面對自己

當然，對於要走靈性道路的人來說，目標是走上覺醒、開悟之路；找到自我（自性、佛性、高我）、提升能量頻率，但是這一直被認為是相當困難或抽象的。

然而，好消息是，「直覺」是人的天賦（上天賦與的能力），是與高我聯繫、溝通的通道，只要掌握直覺，就掌握了覺醒、開悟之路。

「直覺」到底是什麼？它是否很神祕？只有某些特定的人才會使用？

其實每個人都已經在使用了，它就是「內心的渴望」、「內在的聲音」。

　　而實際上進行的過程是如何的呢？這點可能大家會比較好奇，以下將列舉「直覺教會我的事」供你參考（每個人的直覺教導會有所不同）：

### 1. 買東西不看價錢

　　對於物品價格不熟的我，要記憶物品的價格，並且判斷當前要買的是較貴還是較便宜，是一件困難的事；原本以為應該努力去記，後來發現不看價錢反而更能買到真正想要的東西，也就是說，直覺是在告訴我「不用去看價錢」，而我只需要去順從它即可。像特價、兩件特價等是否有賺其實也很難判斷，因為它會打亂我本來的規劃／習慣，有時買了反受牽制。

### 2. 不要用牙膏刷牙

　　刷牙時常會懶得擠牙膏，原本以為我是懶人；後來發現一篇文章，才知道原來這個「懶」是對的。

　　網路文章：曼哈頓計劃解密：氟騙局

　　「BBC（英國廣播公司）前記者克裡斯托弗・布萊森，在調查了大量美國官方和軍方在1997年後解密的文件後，2004年底出版了《氟騙局》一書。在書中他詳盡描述了氟作為一種毒素，是如何在美國官方和軍方的共同努力下，進入人們日常生活的飲水和牙膏中的。」

### 3. 不要在計畫中訂明確時間

　　原本以為想要改善工作、生活，需要訂定許多計畫並嚴格執行；後來發現這樣的方式，是導致壓力的根源，也就是說

我們如果照著直覺走，肯定不會遵守計畫，但，直覺是對的。因此，怎樣的計畫是可以被完美實施的？只有執行起來覺得輕鬆、有趣的才可能做到，那麼，「在某個時間點完成」是否輕鬆？有趣？

### 4. 騎機車很不舒服

原本不了解為何我只要上了機車（被載）就會全身不舒服；後來發現機車發出低頻率的振動（尤其等車時很明顯）是這個不舒服的主因，當知道未來的車即將改善這些問題，我了解到直覺又對了。

### 5. 不要每天仔細檢查應帶物品

原本以為不仔細檢查，到時候沒帶就麻煩了；後來發現生活上有許多類似的提醒，它們都帶有負面能量：擔心。而停止擔心只會減少不好的事情的發生機率，若真的發生了，則把它看成是另一項心靈上的未完成功課去處理它（事實上不檢查也相當少發生，但如果急急忙忙則會經常發生）。

### 6. 習慣當路痴

原本以為我是生活白痴，連路都記不起來，很丟臉；後來發現真相是我可能前世不住在地球，所以對地球上的事物、規律不熟悉，也很難理解或融入，於是相信這或許也是好事。

### 7. 不要養成記帳習慣

原本看了許多理財的書，它們都強調要記帳管理收入與

支出，才能掌握存不了錢的問題所在，因此嘗試記帳，但都沒有持續，也不易管理；後來發現這些理財的觀念確實沒錯，但是太複雜了，直接使用現成單一銀行的網路銀行管理所有帳務（包括收入、支出、負債、信用卡、悠遊卡），即可一覽無遺（如果當初沒有「記帳應該更輕鬆」的想法或需求，則不易發現）。

### 8. 選擇舒適的居住環境

父親去世後，我與母親希望換房子租，當時我想找的標的是環境舒適、較高級的房子（與先前租的相比），後來運氣不錯，順利找到一間，但是價格較貴；後來發現當時找到的房子比先前租的好很多（環境、周邊、設施都相當好，連母親都多次提到），住在好的環境，人的心情、想法、能量都跟著提升了，金錢方面也更加豐盛，自此不用再擔心錢不夠用的問題，得失之間一目了然。

### 9. 能捨盡量捨，能丟盡量丟

我家一直是無殼蝸牛靠租屋維生，搬家次數高達數十次，原本每次搬家都攜帶大部分的物品到新家，這些物品一直是負擔；而父親去世後的（最近）一次搬家，直覺告訴我要刪去大部分（約60％）的物品，傢俱也重新購買，結果我與母親都感覺到煥然一新，並且許多的舊能量也不存在了。

最近，我再度遵循直覺，準備捐出大量書本（預計捐到台北市立圖書館），並把舊書（不會有人想看的古老教科書）處理掉。

https://drive.google.com/open?id=0B1JQ0KhwMwghMUZ2anhU

MDBhd0U

11/23/2017：目前總共捐了50本，換到點數50點（到台北市圖書館總館可以換其他書，1點換一本）

https://drive.google.com/open?id=1fDkLw7GwiYPeGya2kR6Ub COSxhnuWpru

2019/02/20：捐書總量已累積到209本，換到點數150點

https://drive.google.com/open?id=1kjIPgfMQkKLYHB8-K86vYMOwYwv_IE1O

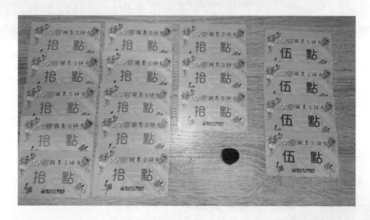

### 10. 在路上不用做善事

原本我其實不太喜歡需要捐錢、被發傳單的場合，會覺得好像應該要幫忙，但心裡又有一種不想被控制的感覺；後來發現這個感覺又對了，那些人是被一些利益團體利用而不知，這是其一。其二是，如果我有自由意志，不管選擇「要捐」或是「不捐」都應該被祝福、被尊重。這給了我足夠的理由平息小我對自己的批判，讓我在那樣的場合「安住」。

### 11. 演講前不用準備

原本我因為不善言辭，容易在大場合中緊張，因此以為需要大量的訓練才能克服這問題，但演講前的排練卻永遠練不好；後來發現練不好是因為沒有自信，而沒有自信是因為「要講的內容不是我想分享的」。對我來說，我只習慣於分享出去（分享愛），除此之外，講其他的東西，對我來說都太難了。這或許也揭示了我真正到底是誰（是怎樣的存有）的線索，當然，每個人都有自己的故事。

### 12. 減少參加人際活動

原本以為我是個很難處理交際場合的人，找話題、談知識、談想法、談自己、應對進退等，我通通無法應付。但是在少數的場合好像又比較好，對於那些比較好（比較不那麼緊張）的場合，在與人互動分享時雖然還算順利，但仍然覺得消耗大量體力。因此通常被問到是否想參加活動時，直覺上都很排斥；後來發現如果要提升能量頻率，「靜心」會是一項重要的活動。而靜心其實就是「與自己相處」，這似乎顯示出在一個較為靈性的生活方式中，大部分的時間應該花在與自己相處。

而對於與人互動會消耗大量體力這點，目前的認知是，以我目前的頻率來說，「付出愛」或是「在人面前表達最真實自我」仍然是困難的，它可能需要更多休息。

### 13. 沒事就玩格鬥遊戲

原本以為這是一個壞習慣，一直以來我浪費了不少時間在上面；後來發現這其實是一個必要的過程，並且它其實省了我

許多寶貴時間。因為我實際上在進行的是「釋放負面情緒」的清理工作（例如：憤怒、恐懼），而許多人也被負面情緒所困擾，但他們卻苦無一個有效方式「隨時召喚有挑戰性的情境」來讓自己體驗，並且需要與3D世界的其他人共同體驗，這需要花更多時間來適應與學習。因此這又證實了直覺對我的幫助。

### 14. 有空就躺著發呆

原本以為打坐或是冥想應該要正襟危坐的進行；後來發現新訊息（多個先進的訊息來源）都說明了冥想的本質近似於發呆，也就是放鬆即可，什麼姿勢易於放鬆，就採用什麼姿勢（所以這是大家本來就會的）。

### 15. 拒絕複雜的醫療療程

原本以為我身體很差，並且很少運動，容易得各種疾病，並且生病吃藥是不可避免的；後來直覺有個想法，想讓自己「在醫療體系消失」，開始嘗試不參加健康檢查（本來打電話去詢問，但醫院的態度讓我感到不夠友善）、選擇讓身體自行處理。在過程中，我經驗了一次左膝蓋痛（原本像落枕，並擴大到整隻腳不能走路，大約兩星期）、以及一次感冒。至今身體狀況雖然起起伏伏，但明顯已非先前體弱多病的體質。並且在這過程我體驗到的是，身體的變化只是反映能量在流動，而不是疾病，因此也沒有理由需要吃藥。

### 16. 不用主動去幫助人

原本以為助人總是好事，但不知為何有時心裡總是有一點點不情願；後來發現幫助人需要天時、地利、人和，對方沒有

意願不要硬是要幫、自己不方便或能力不足不要逞強、不要造成一種依賴性。另外就是會太主動提供幫助，有時是因為自己想要出風頭、得到認可，這樣的意圖也需要減少，以避免不必要的能量浪費。

### 17. 不用刻意去搞懂某些事

原本以為自己應該要學的東西很多，要買很多書，要背要記，但是很多事還是學不好；後來發現一旦對某件事有興趣，就很自然會去搞懂相關細節，但是對於沒興趣的事總是很難這樣做，如果刻意去做也很花時間（畢竟學問有那麼多，學不完，所以才會覺得時間不夠用）。以興趣為主導的學習是很符合直覺、靈性生活的方式的（巴夏：跟隨自己的最大興奮），每個人的興趣不同，我不需要成為萬事通、或是某某專家，只要跟著興趣走，世界總會有我的一席之地。

（註：關於巴夏傳訊之網路資源：

巴夏傳訊影片

【新】【全線閱讀】20180609《巴夏信息》）

### 18. 想要什麼就直接去取

原本以為想要的東西很難取得，要花錢又捨不得（因為錢不夠），所以也不太敢想一些自己想要的東西或事情；後來發現直覺總會告訴我們想要什麼，只是自己一直抗拒它。但其實當我真的很想要一件東西時，我會很專心的去想怎麼取得它，這時整個宇宙都會幫助我，例如在網路商店買到它、跟別人交換物品（物品類的通常這兩招就夠了），如果我要找東西，我會需要線索、需要靈感、需要回想過去的片段（通常延遲一段

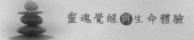

時間會自動出現）。

「我想要這個東西，但它很貴！」我的判斷依據是：（1）我到底想不想要這東西？（2）「可動用」的錢夠不夠？（當然這跟我的金錢規劃是有關聯的）

為什麼直覺會要我們不斷去滿足自己想要的呢？其一，得到任何想要的，是我們天生的權利；其二，滿足心中的渴望，就可以回到自由的狀態（你想重獲自由嗎？）；其三，在體驗滿足自己的過程中，我們會了解到，自己真正想要的是什麼，是那些物質？還是其他？也就是說，這是我們其中一項主要學習的靈性（生命）課程。

### 19. 不要努力工作

在之前的工作環境，我的工作狀況總是不佳，並且很難做到預期的目標，這使我想要敦促自己更加用功、在更短時間內做更多事、產出更多成果，同時因為在能力方面的不足，又需要擠出時間提升自己；後來發現，如果走入這樣的模式，將導致工作量居高不下、事情永遠做不完、能力永遠跟不上的循環，甚至因為給自己的壓力太大，身體狀況會變差，容易生病等，實在是得不償失。

當壓力出現的時候，可能表示一個直覺的提醒，「要對自己好一點」。對自己好就是不要給自己壓力，是吧？但是在工作狀況不佳時如何做到這點？這需要一個大的調整，從工作狀態、工作環境等做一個整體的調整，調整到可以在很自在的狀態下工作（也就是我目前的工作狀態），這個部分由宇宙來進行，而自己只要去觀察壓力是否增加或減少即可（不用太刻意去改變什麼，因為這改變是需要時間的）。

### 20. 想吃就吃，想睡就睡

以前總是以為要在特定的時間才能吃正餐，而吃點心、零食都會有罪惡感，更不用說吃宵夜了。而睡眠方面則因為一直無法在（一般人認為的）正常作息時間睡覺、起床而感到困擾，並且常常睡眠不足；後來發現只要照著直覺做就行了，直覺是我們的導師，也是我們的醫生，它了解我們，包括我們的身、心、靈的需求。於是「想吃就吃，想睡就睡」變成理所當然的事，而想吃什麼、不想吃什麼也都照著直覺即可。

而關於睡眠，什麼時候該睡，什麼時候不該睡？身體在某個時間點，突然覺得很想休息，自有它的道理，我們何不順應它呢？

當我慢慢提升自己的能量，對深層睡眠的需求也相對減少，取而代之的是夢境的增加（做夢相當於去了更高的世界旅遊或者工作）。這時，更難按照一般人的作息生活了。


最後，《老神再在》一書中，神在第一集中分享一個「相信和信賴的差別」的故事（註：《老神再在：奇蹟對話錄》P283-284），有一個人掉下懸崖時抓住了樹枝，但他聽到一個聲音要他放開雙手，而他卻一直沒放手，直到撐不住而掉落，卻發現他早已離地面很近了。（所以後來他發現那是神而不是惡魔的聲音）

當你聽到聲音時，是否會「放開雙手」？

~~~~~

「直覺」到底是什麼？它是否很神祕？只有某些特定的人才會使用？

其實每個人都已經在使用了，它就是「內心的渴望」、

「內在的聲音」。

只要掌握直覺，就掌握了覺醒、開悟之路。

想要開啟一個未知的冒險之旅嗎？跟隨你的直覺吧！

～～～～～

# 3. 揚升之路要點提示

第三部的前兩篇是大約1～2年前所寫的文章：

1. 無為／無我的線索」：2016/10/01

2. 邁向美好人生之路——那些直覺教會我的事」：
   2017/11/01

而本篇完成時間是：2019/02/25

從這些內容，對於同樣在修行的你，也許可以從細微處觀察到我在揚升之路的進展。

本篇會大致總結一下本書關於揚升之路的要點。


## 如何走上揚升之路？

事實上，當一個人走在揚升之路時，本人未必會知道（也未必需要知道）。

但是當你走對路的時候，你會收到各式各樣的回饋，讓你清楚的知道，你走對路了。

回饋可能是「願望達成」、「得到認同」、「看到文章、訊息、或其他方式驗證你的想法」等，需要心靜下來才容易觀察的到的方式。

但是，對許多人來說卻是困難的，因為現實世界（外在世界、三維幻象世界）會不斷的吸引你的注意力。

它們怎麼吸引你呢？透過一些「必須」完成的事項來吸引你、透過一些「具有時間限制」的事項來吸引你。

當然，這些事通常不會讓你很開心。於是，人們大部分的

專注力就放在「讓自己不太開心」的事物上面，例如壓力大、趕時間、爭吵、缺乏等。

而內在的聲音總是告訴我們「放鬆」、「發呆」、「遠離不開心的事物」，這是因為只要你這麼做了，你就會接近揚升之路，你就容易觀察到一些回饋。

許多人往往要在外在世界經歷重大挫折（失敗），才會被迫接受那條路是走不通的，而回到內在（結果一走就通，就開悟了）。

因此，這實在不能說是揚升之路（內在）太難走了，它其實很容易，只是外在世界的幻象太過堅固造成的。

內在與外在世界，就像是一場拉鋸戰一樣，如果你愈常往內在的方向走，一段時間之後，內在世界就會蓋過外在世界，你也就往自由的方向走了。

### 關於對與錯的問題

談到揚升之路，許多人會問一千個問題，關於怎樣做才是對的，例如：

「要走揚升之路，我應該吃什麼？不應該吃什麼？」

「要走揚升之路，我應該幾點睡？幾點起床？應該睡少還是睡多？」

「要走揚升之路，那我能不能打蚊子？打了蚊子會不會影響我揚升的速度？」

類似的問題可以非常多，但我會說答案只有一個：去聽到內心的聲音。（許多實際的例子，在〈3-2. 邁向美好人生之路——那些直覺教會我的事〉提到了不少）

走揚升之路意味著做一位修行者（體驗者），收集足夠的經驗才是最重要的，即使是錯誤、失敗的經驗。因此，體驗者不需要怕犯錯，也可以說，體驗者必然要去犯錯。

事實上，不管你是不是在走揚升之路，只要你正在做你沒做過的事，你的大腦都會對你發出警告：這件事你沒做過，所以它很危險。（但事實上在做沒做過的事時，不可能先了解所有情況才開始做，因此許多人寧可選擇留在舒適圈）

當你做著你沒做過的體驗，遇到選擇的十字路口，但你的大腦無法立即給你答案時，它會非常害怕。

它害怕的原因如下：

1. 它無法掌握局面

2. 它不知道如果它無法回答，你會怎樣對待它，你是否會冷落它？

而如果你一直以來都是靠大腦在給你答案，當你遇到「新事物」，大腦無法再給你指引方向了，這時你需要知道的是：

有人會接管這樣的局面，繼續給你指引方向！

你知道我想表達的就是你的內在，你的直覺。

這在上一篇已經舉了20個例子，這些例子不但說明了直覺會接下重任繼續指引我（你），還說明了直覺給我的答案遠超出我從小到大所學的東西的總和。（特別說明，我不是在說你應該把那20項例子當成鐵律去照著做，而是邀請你也來聽聽你自己直覺的聲音）

這就像是在說，當你不知道該怎麼走的時候，你真的可以憑感覺隨便挑一條路走！（〈2-1. 揚升旅行地圖〉，愛麗絲夢遊仙境）

例如上面提到的三個問題（或是一千個問題），對我來說，它們的答案是怎樣產生出來的？

就是憑感覺得到的！

而憑感覺（直覺）更有趣的地方是，有時候你問了一個是非題，「直覺」的回答卻不一定會是「是」或「否」，因為「直覺」就是你真正知道的東西（就是智慧），它不會被「是非題」或是一些陷阱欺騙。

當你感受到「直覺」的回答（它不一定是一句話，可能只是感受），你會無比的放心，你會知道他真的懂你。

因此，你需要老師嗎？

你覺得你的老師會在什麼地方？能回答你問題的老師，會是別人？還是你自己？

即使一開始有問題可以詢問老師，但最後還是需要回歸到自己，這條路才能長久走下去。

有了內在的老師，他也才能解答你所有大大小小的問題。

### 辨認「直覺」的兩個例子

第一個例子，你是否有過這樣的經驗：被要求今天要完成某項工作（功課），明天要交。但是你的身心狀態已經很累了，你其實很想休息了，但卻仍然繼續工作。最後事情仍然沒有完成，但你卻不小心睡著了，隔天起床發現，這項工作不需要交了（或是時程延後了）。

在這個例子中，有兩個聲音：一個叫你繼續工作，一個叫你休息。請問哪個是「直覺」的聲音？

答案是「叫你休息」的那位（如同你所知道的），同時他

也知道明天將會發生的故事。很容易辨認對嗎？下次試著相信看看如何呢？

　　第二個例子是，你被要求要做一件你不想做的事，所以你問一下自己的內心：「為什麼我要同意做這件事？」然後得到的回應是：「因為是XX叫你做的」、「因為如果你不做，你可能會失去這份工作」、「因為你需要錢，家裡還有兩個小孩要照顧」

　　請問這些聲音中，哪個是「直覺」的聲音？

　　答案是「都不是」！（出乎你的意料了嗎？）

　　你的「直覺」就是你本身！這個概念需要被強調。

　　你感到想要休息，那麼你的直覺也一樣！

　　你感到不想做某件事，那麼你的直覺也一樣！

　　你的「直覺」跟你就是完全同步的，甚至可以說，你的感受就是出自於你的「直覺」。

　　所以它非常簡單，在你自然而然的狀態下，你就會用「直覺」了，你最自然的感受就是「直覺」。

　　所以當你不想做一件事，不管別人、你的頭腦給你多少你應該做的理由，你的「直覺」都是會支持你的才對。

　　所以，請只搜尋「認同你感受」的答案，也就是像：「你其實不必做你不想做的事，你可以不接受這個工作」、「你可以做對自己更好的選擇」之類的答案。


### 揚升之路的錯誤分支

　　如同〈2-2. 關於「內在」，一切都與感知能力相關〉所提到的，複製別人的方法對你是沒有幫助的。

如果有人靠著不吃不喝而揚升，你照著做，卻很可能沒有效果。

同樣的，有人買了水晶放在身邊，感受到了能量場，因此更快的走向揚升的道路。但你如果也買了一顆，卻很可能沒有效果。

你可能試了一些「方法」、買了一些「物品」，但仍然感到迷惑。

那可能是因為，你其實沒有聽到「直覺」、「內在的聲音」的指示，只是複製別人的「方法」、「物品」。

真正發揮作用的，是「和自己的直覺對齊」這件事。

當你不再阻止自己做自己想做的事時，你才真正得到自由。

當你放棄所有獲得成功的努力時，你才能看清真相。

因此，揚升之路的重點，不會在你「努力」去做到什麼（特異功能、開天眼、捐錢），而是在「放鬆」、「發呆」（放下、放棄）。

### 「直覺」的指示難以在現實生活中達成？

許多人可能會有這樣的困擾，即使聽到了「直覺」的聲音，即使知道他的方向是讓你更輕鬆，卻不敢去實行。

例如：「工作就是多到做不完，但是不做又不行」、「薪水雖然不夠，但是又怕失去這份工作，不敢吭聲」。

但是，如同許多人在談論的：「如果你中樂透，你還會去上班嗎？」

事有大小輕重之分，而你把什麼視為「大」，什麼視為

「小」呢？

當你按照常理去思考時，時間肯定是不夠用的。

但是也如你所知的，如果發生地震了，所有人都會停下手邊的工作，而先確保安全，這就是「事有大小輕重之分」的涵義。

同樣的，如果你中樂透了，中了100萬，你還會擔心薪水不夠嗎？

也就是說，照著你的「直覺」走，可能會讓你一、兩次工作沒完成，但如果此事關係到你能不能獲得更輕鬆、更自由的生活，誰大誰小，誰輕誰重，是否看的清楚呢？

許多人害怕變化，但是「直覺」的指示就是要你去改變，因為這樣你才能實現願望。

如果你看不出讓自己更輕鬆的可能性，你就無法實現你的夢想。

因此，偶爾試試跟隨「直覺」的引導吧，雖然可能會有驚人的事發生，但是以結果來看，也許對你是有幫助的呢？

偶爾嘗試一下平常不敢做的事，這樣你才能看到更多的可能性，慢慢的你的頭腦也會跟上的。你會漸漸可以看出那些可能性，然後讓自己更輕鬆。

另一方面，也請你試著以管理者的角色來思考看看。

假設你管理著一群在柵欄內的綿羊（待宰的羔羊），那麼你顯然不能讓他們跑出去，是吧？

如果你看到有一隻羊想跑出去，你肯定會去把他拉回來，甚至在拉回來之後把他嚴密看守。

而我們就像是那群「待宰的羔羊」裡面，想要衝出去的那

一、兩隻。

不用懷疑，你想衝出去，一定會被阻止（否則你馬上就自由了）。

但是，只要你堅持要獲得自由，只要你夠堅決，沒有人能阻止的了你！

### 神到底在哪裡？

許多人也許有著這樣的疑問，但是我覺得與其回答這問題，還不如回答「神到底是什麼？」

因為「神到底在哪裡？」的答案是：神無所不在，一切萬物都包含著神。

在〈1-3. 集體意識〉，我們談到神和我們一樣，都是「集體意識」。

意識＝存在＝神

在〈1-4. 處於量子狀態，才是真正的自由〉以及〈後記〉，我們談到神奇的量子，以及它們是永恆存在的；我們也談到所謂的「實相」是：我們都在「水流」之中，所有人互相都在能量流之中，互相影響著。

這和許多人對「神」的印象完全不同，「神」並不是某個「比我們更偉大」的存在，「神」就在你之內，就是這個「水流」，而你也在「水流」之中。

### 二元世界的「喜怒哀樂」

二元世界的「二元」指的是「有好就有壞」、「有黑就有白」的世界，在這個世界裡，普遍的認知就是：所有事物都帶

有負面效果。

在二元世界的「喜怒哀樂」，「喜歡」一個人的同時，卻也對那個人被別人搶走感到「憤怒」；小朋友拿到玩具很「開心」，玩具被拿走時很「傷心」。

看出問題了嗎？

二元世界的「喜」、「樂」都不是長久的，並且都伴隨著「怒」、「哀」等情緒。

人們因為「占有」某個人、事、物而感到開心，卻總是因為「失去」那個人、事、物而感到難過。

但由於事物總是來來去去的，也就造成「開心」總是伴隨著「不開心」。

### 「傲慢」與「卑微」的同時存在性

「傲慢」看似常發生在「自以為懂很多」的人、或是某些老師的身上，但其實它也是二元世界的情緒，也就是說，「傲慢」總是伴隨著「卑微」。

這又從何說起呢？

「傲慢」是一種具有攻擊性的行為，它和動物因為感受到威脅而自我防衛的行為一樣。

動物感受到威脅時，會表現出很兇的樣子，因為他如果不那樣子，他可能會失去地盤或是生命。

同樣的，「傲慢」的人也是一樣。因此，「傲慢」的人內心其實是「自卑」的。

### 真正的喜悅來自平衡兩個極端

首先，我們看到二元世界的「喜怒哀樂」總是不斷循環。當一個人把重心放在某個人、事、物上，這樣的循環就會產生。

而要跳脫這樣的循環，就需要轉移注意力，不把重心放在單一的人、事、物上（也可以說，看穿事物的本質）。

在〈2-7-1. 跳脫一個狀態，就不會受到影響（正文）〉中，我們談到「三角合一」，可以超越二元性。

同樣的，對於「傲慢」與「卑微」，需要不藉由外在世界（現實世界）的「成功」、「強大」來產生自信心，而是藉由找到內在、直覺來達成，就可以完全消除這兩個極端。

而「神」或是「真正的靈性大師」肯定可以做到，是吧？

你不會看到「神」因為你不尊敬他而發怒、或是「真正的靈性大師」表現出「傲慢」的攻擊性吧。這些都是你可以用來判斷人、事、物的檢驗方式。


### 真正的喜悅是一種平靜

二元世界的喜悅、快樂總是短暫的，例如：吃甜食會變酸、笑到肚子痛、中大獎反而會緊張。

這些沒有一樣是真正的喜悅。

真正的喜悅是像聽著一首美妙的音樂一樣，可以完全沉浸在其中的。

或是像沐浴在大自然之中，微風吹拂、伴隨著鳥叫聲的感受。（你真的可以嘗試這樣做）

你是否會接受邀請，一起來體驗看看呢？

# 4. 2019新趨勢──善於分享者獲得權勢

本篇將介紹「分享式社會」以及2019年的新趨勢，對於在2019年希望開創自己的事業的人來說，會是一個重要的資訊。

## 競爭式社會 VS. 分享式社會

一直以來，我們的世界是一個競爭式社會，人與人、公司與公司、團體之間是競爭關係。

我們被教導，競爭會促進社會的進步，因為它會逼迫你要去前進，要去爭取名利。

如果你拒絕去競爭，你可能會失去地位、失去工作、甚至無法得到溫飽。

在競爭式社會中，金錢被創造出來，成為每個人必須具備、使用的物品，使人們不擇手段，只為了獲取多一點點的金錢。

目前「獲利」已成為個人、企業、政府合法且合理的理由，來解釋他們所有的行為。

然而，世界趨勢已經在改變。在我們可見的2019年，我們將能看到什麼呢？（更詳細的真相討論將在下一本書看到）

我們將能看到社會型態的改變，從「競爭式社會」改變成「分享式社會」。

## 合作取代競爭

目前已有愈來愈多個人創業成功的可能性，漸漸取代以往沉重的產業鏈所形成的束縛，也就是說枷鎖正在被解開。

網路影片：13歲少女創業當CEO，受邀參加國際演講與企業家對談

影片中講述一個13歲少女Hillary，因無法適應在學校與同學間的相處（談話、興趣無交集），母親決定讓她在家自學，後來在2016年9月開始，在大約6個月的時間內，開發了一款名為「MinorMynas」的App，幫助全球小朋友在線互動學習，成為了CEO（執行長），以自家人為主要成員。

Hillary自己可能不會寫App（手機應用程式），但是她請了一家技術公司幫忙開發App，並且在世界各國已有許多的用戶。在過程中，Hillary經常和其他創業家交流討論獲得靈感，同時擴展自己的人脈，並受邀去馬雲的創業基金會演講。

許多人看完這個影片，都自愧不如，並認為自己終其一生都無法達到這樣的成就。

然而，事實真的是如此嗎？

與大多數人認知不同的是，小朋友的思想其實是比較開放而靈活的，因為他們還沒有受到社會的衝擊。

因此，他們可以了解，如果你想做一件事，即使是一件宏偉的事，你不用自己完成所有的工作！

他們會去找人幫忙。

他們會誠懇的向對方說明，自己到底想做什麼，為了什麼目的而做的。

而這就是最大的差異。

根據觀察，成年人、社會人士普遍受到競爭觀念的洗禮，很難轉換想法去尋求合作。

他們腦中會充滿一些負面想法：「他們不會幫忙」、「他

們為什麼要幫忙？他們想得到什麼？」

如果真的必須去尋求合作，作法也會扭曲成「利益交換」（你幫我做這個，我給你什麼好處做為交換）或是「強勢壓迫」（你拿了錢，所以你理所當然應該要幫我做）。

因此造成社會上一個流行的口頭禪：「商場（戰場、政治……）上沒有永遠的敵人，也沒有永遠的朋友。」

換言之，你永遠不知道一個人可不可信任。

也就是說，一旦你接受了「利益交換」和「強勢壓迫」是合理且被允許的行為時（不論是主動方或是被動方），在你的世界，已經無法有100％可信任的人了。

「利益交換」和「強勢壓迫」的代價就是「信任關係」被剝奪。

這是「競爭式社會」所造成的效果，人與人之間存在的基本觀念就是「競爭」。

那麼如果一個人心中完全沒有「競爭」觀念，會怎樣呢？他又如何去取得成功？

上面的影片就是一個很好的例子。

### 分享自己所擁有，並與人合作取得成功

一個沒有「競爭」觀念的人，他會願意分享，並且善於分享。

沒有「競爭」的成功方式是這樣的：一個團體中的每個人都分享自己所擁有的想法、能力、資源，讓團體中的人們共同使用。

於是，這個團體漸漸會有許多「創造性的想法」、「將各

種想法實現的實作經驗」、「累積許多的資源」，並且在各方面、各個層面成倍增長、提升（揚升）。

有些人的家中可以看到這樣的模式（互信互助），因此它只是一個「家庭」的放大版。

想像你現在就在這樣的團體之中。

你可以一無所有，沒有任何想法、能力、資源，進入這個大家庭。

當你選擇走進門（你也有選擇離開的自由），你會受到歡迎。

這個大家庭中的一些人、或許多人會想要認識你。他們會想要分享他們所擁有的給你，分享他們在這個大家庭的快樂給你。

如果你喜歡，你可以取用這個大家庭裡的各種資源，你可以向其他人學習，學習他們的技能、和他們交流想法。

如果你喜歡，你也可以去做屬於你的個人創作（藝術、美食、科學、技術、大自然等各方面），你更被鼓勵去分享，分享你的想法，或是你的創作都可以。

如果你喜歡，你可以跟這個大家庭中的一些人聚在一起，一起生活、一起玩樂。

你不再記得什麼叫「失敗」，你周圍的人都和你一起，沒有人會把責任推給你。

你不會想起什麼叫「孤單」，不管你遭遇什麼，你都有談話的對象，也很容易找到解決方法。

因此，「分享式社會」不只是一個觀念，它是完全不同層次的世界。只有你體驗到了，你才會知道在那個世界的感受是

什麼。

　　當你體驗到了，你會了解進入那樣的世界，會提升你的意識層次（能量狀態）；也只有當一個人的能量狀態夠高，才會選擇進入「分享式社會」。

　　正因如此，關於「如果分享式社會裡面有害群之馬怎麼辦」之類的問題，也將不再是大問題。（能量狀態不同的人群，很自然的就無法經常見面，很怪異的現象，不是嗎？）


### 分享者如何獲得金錢？

　　首先要說明的是，「金錢」是「競爭式社會」所創造出的一項工具，用來強化社會中的「個體意識」，並使人與人互相「競爭」。

　　因為金錢是每個人所獨自擁有的「物品」，而不是群體共享的，因此產生了「這是我的錢」、「這是你的錢」等想法、概念，也就強化了「個體意識」。

　　而很不巧的，許多人所擁有的金錢都不夠用，無法滿足僅僅是生活上的所需，而產生「我必須要努力賺錢」、「錢很難賺」等想法，於是就產生了互相「競爭」的效果。

　　如果你成為一個「分享者」，顯然你將不適合在「競爭式社會」中生存，而需要轉換到「分享式社會」中。

　　在「競爭式社會」中有一個悖論就是：創造價值者，無法獲得合理報酬（所以才會有「分享者如何賺錢」的疑問）。特斯拉（Nikola Tesla）發明交流電，就是一個明顯的例子（也許你甚至連特斯拉的名字都沒聽說過？）。

　　而「分享式社會」，如上面的介紹你可以發現一個疑問：分享式社會需要使用金錢嗎？

分享是不需要條件交換的！（否則就不叫分享了）

在「分享式社會」中，你可以輕易獲得所有你想要（需要）的，因為你只需要去收集別人所分享的東西即可。

有了這個認知以後，你會比較容易理解「一個分享者是否需要金錢」這個問題。

答案是：前期會需要，也就是只在還沒進入「分享式社會」之前，是需要的。

而當前現實世界中仍然無法輕易找到「分享式社會」，它們會在不久的將來被我們當中的某些人更多的創造出來。

在那之前，我們可以先使用更優雅的方式，在創造價值的同時，也獲得財富上的豐盛。


**再談金錢與豐盛**

在〈2-6. 金錢與豐盛〉中，我們談論到「處在豐盛的能量狀態，你將更容易獲得財富」以及「關注金流而非價格」等觀念。

我們更談到一個重要觀念，就是「價格」是變動的，並且價格是由「使用者」而非「分享者」決定的。

因此，就有所謂「自由出價」的販賣方式可以採用：

Youtube頻道SLS Music出售鋼琴譜所採用的方式：「在這裡你可以用1～3塊錢美金『以上』的任意價格選購你喜歡的東西！」

這是一個很好的方式，由分享者決定底價，由購買者決定實際價格的方式。

使用這類方式，分享者能夠仍然本著分享的本意，又同時

增加獲得財富豐盛的機會。

另外，對一個「分享者」來說，若想做一番事業，資金來源通常會是一項大問題。（在「競爭式社會」中，分享者通常不容易具備大量資金）

此時，你需要的就是去尋求合作，尋找有資源、有資金並同樣希望你的想法能夠被實現的人協助。

例如，你可以透過網路上的募資平台來獲得所需資金。

然而，需要先了解的是，無論是一個人或是一個平台，只有當你實際接觸之後，你才會了解它到底是什麼。（可信任程度、願景等）

如果你找到的平台、或是合作者，他們本質上是「競爭式社會」的運作方式時，你可能需要較為小心翼翼（不被控制，才能自由的實現夢想）。


**主權在民的觀念**

在「競爭式社會」中的基本觀念就是「競爭」，而在「分享式社會」的基本觀念就是「分享」。

如何能讓一群人互相競爭呢？

方法其實很簡單，只要把資源（例如錢、食物、獎金）給這群人中的某些人，然後告知其他的人說：「你們之中有一些人拿到資源」即可。

為了避免拿到資源的人把它們分享出來，還需要加入「缺乏」的觀念，給他們的資源需要少到連自己都不太夠用。

「競爭式社會」就是一個基於「控制」的世界（先前文章所稱的三維幻象世界、駭客任務電影的「母體」（The

Matrix）），裡面的每個人的行為都是被強迫的，被迫去爭取利益、讓自己存活下去。

「分享式社會」則是基於「自由意志」的世界，人們可以自由的做自己、表達自己。

因此，「分享式社會」是一個「主權在民」的世界，當人們自然的表達自己時，他們就是在「分享」他們的特質。

如果你生活在「民主國家」之中，理論上那應該是一個「主權在民」的世界，那麼請問：

你有主權嗎？

當「主權」被當成是一個政治議題的時候，大家不會認為「主權」和個人有什麼關連。

對一個國家來說，「主權」代表的是一個國家的「自由意志」，可以自由決定國家的所有事務。

同樣的，對個人來說，「主權」代表的是一個人的「自由意志」，可以自由決定個人的所有事務。

但是，許多人不能決定「起床時間」、「工作地點」、「工作時間」、「做事方法」、「吃飯時間」、甚至「購買物品」時也受到許多限制。

因此，即使你在「民主國家」，你所處的世界很可能和「分享式社會」的「主權在民」仍有許多差距。

例如，在「分享式社會」中，由於不需要被迫去爭取什麼，於是就有了自己的時間。

如果人們不需要每天通勤到某個特定地點工作，將節省許多時間，交通流量也會改善許多。

如果你把多出來的時間，用來放鬆、發呆、清除自己的負

面能量，改善自己的能量狀態，那麼你將能用更輕鬆的方式創造你想要的人生。

## 成為善於分享者

一個人要成為「分享者」，甚至要善於分享，首先需要先透過放鬆、發呆等方式，找到自己的直覺、內在的聲音，提升自己與靈性部分的連接（先餵飽自己，才能分享給別人）。

與靈性接通的好處是，你會有源源不絕的靈感，能夠分享的知識、智慧、能量會非常多。（否則只看手邊現有的東西，可能會覺得沒有一樣是賣的出去的）

你可以分享你從直覺學到的靈性知識、智慧；你可以分享你製作的水晶、或是帶有你能量加持的物品；你可以幫助人們改善生活、健康、豐盛等各方面；你也可以分享喜悅、快樂（例如藝術、音樂創作等），這些都對人們有許多幫助。

和你更高的層面（靈性）合作吧，你們可以一起創造出更多的可能性。

## 善於分享者獲得權勢

基本上，「權勢」是「競爭式社會」中的用語，代表的是支配金字塔體系的權力。

而在「分享式社會」，人們需要的只有「主權」，也就是自由意志。

差別在哪裡呢？

在「競爭式社會」，人們不但想掌握自己的主導權，還想掌控其他人，使其為自己所用。

而在「分享式社會」，人們不會去強迫人，只需要自己能隨心所欲的生活、分享即可。

有趣的是，即使只有少數的分享者，也可能建立出「分享式社會」。

「分享」的意思就是把想法、知識、智慧、技術等公開出來，使其成為透明的資訊、或唾手可得的物品。（這在「分享式社會」是很理所當然的，但在「競爭式社會」則不是）

請想像一下，如果有人做了這樣的事，他以及那件事的影響力是不是會很大？

因此，「分享」的力量是很強大的。

它甚至有可能改變現有「競爭式社會」中的金字塔體系，例如去中心化的區塊鏈技術（Block-chain）就是一個例子，它藉由多個電腦伺服器互相分享帳本資訊，可改變集中式管理的銀行體系；而上述13歲少女Hillary創造的 "MinorMynas" App，則是以分享為主的概念，讓不同國家的小朋友互相教學各自的語言，如果被廣泛使用，是否會影響現有的教育體系？

與其為了賺錢不斷的去找使用者的需求，不如將「解決自身需求」的方法、知識、智慧分享出來，反而更能得到迴響（也就是由內而外的哲學）。

當你的分享，讓許多人受益，你以及你的群眾就產生了一股強大的能量場（影響力），而這股能量場（影響力）也就是「競爭式社會」中的「權勢」。

如果是在以前，創造這樣的能量場（影響力）同時會給你帶來麻煩（例如被打壓、被大公司收購、遇到法律問題等），因為你們的能量衝擊到原本「競爭式社會」中的金字塔體系。

但在2019年，正好會是一個適當的時機（同樣的，更詳細

的真相討論將在下一本書看到）。

當你因你的分享獲得「權勢」時，希望你能持續本著分享的精神，那麼你將會往「分享式社會」的方向前進。

### 初期階段──建立大團體不如建立小團體

大團體由於人數眾多，每個人的能量狀態差距也會較大。

並且，如果一個團體大多數人的能量（意識）狀態都處在「競爭式社會」中，那麼所建立出的團體就容易具有「競爭式社會」的特性，也就是容易有競爭、衝突、內鬥等事情發生。

因此，對於想要建立「分享式社會」的你，我的建議會是：先建立小團體，尋找信任關係良好的人加入團體。

甚至，初期可能會只有1～2人，再慢慢擴大。

並且擴大也不是最主要目的，而是能夠分享、彼此互相信任才是最重要的。

另外，也同樣重要的是：成員的分辨力。

關於這點，我的提示就是：如果成員的分辨力普遍夠高，並且彼此能夠公開透明的交換資訊，團體將不需要擔心會有害群之馬這件事，因為大家的集體意識就會拒絕那些能量。

在此，祝福你能夠獲得巨大的成功！

## 5. 覺醒者應如何幫助人

當你從現實世界的幻象中醒來，發現你（以及周圍的人）每天都在「母體」（The Matrix）中生活，追求著虛假的目標，受到諸多既定的遊戲規則限制，而感到沮喪。

這時你可能會問一個問題：真相到底是什麼？（什麼才是真的？）

於是你開始了追求真理的旅程！

經過一番努力，你找到屬於你的真理，並付諸實踐。

你在你的世界做著實驗，實驗名稱是：真理如何帶來自由、喜悅和豐盛。（你可以隨意修改）

當你實驗成功時，你印證了你的真理，確實給你帶來更好的人生、以及提升了你對生命的領悟。

你會自然而然的，開始想要把這「真理」分享出去。

而這正是挑戰的開始。


### 給分享者的祝福

如果你符合上面的描述，首先恭喜你加入「分享者」的行列。（「分享者」是在〈3-4. 2019新趨勢——善於分享者獲得權勢〉中討論到的主題）

當你把自己調整到「分享者」的頻率，你會接收到宇宙更高層面的祝福及幫助，它會豐富你的「當下」以及你的「生命」。

願原力與你同在。（May the force be with you.）

（電影《星際大戰Star Wars》中絕地武士的台詞）

### 分享者 VS. 導師

如果你有聽過「靈性導師」或類似的詞語，你會發現它和我們現實世界中的「導師」有一些不同，它的性質比較接近「分享者」。

「分享者」和「導師」的差異在於：

1. 「分享者」不是在「教導」別人

2. 「分享者」沒有「高人一等」的意思存在

（當然，這只是對詞語意義上的補充說明而已。如果你本來對於「導師」的概念就是本文的「分享者」的話，那你仍然是對的。）

「教導別人」有什麼問題嗎？

問題就是：提供限制性思考上的解答（正確答案），反而是降低了學習者的能量狀態（意識狀態），使他的思考僵化。

舉例來說，教畫畫的老師不應該教你該畫魚而不該畫猴子，而只是提供可以畫的工具，讓你自由去發揮。

他甚至不該教你怎麼畫魚，因為你可能有千百種畫法。

如果一個畫畫老師說：「我告訴你我怎麼畫魚的」，那他就只是在「分享」而不是在教學了。（分享才是最好的教學）

### 真理並不是一句話，而是能量

舉例來說，一個覺醒者可能會發現：人們每天不斷的工作，為了換取一些可用的紙張（金錢），或是電腦上的數字（網路銀行存款）。但是每天努力工作的人，從來不會成為富翁。

網路影片：這才是真正的有錢人不願意告訴你的真相

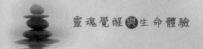 

　　剛剛覺醒的人，接收到這個真相（以及許多其他的真相），可能就像如獲至寶一樣，甚至想馬上分享給周圍所有的人。

　　然後他可能對周圍人的反應感到沮喪，因為會相信並開始和他談論這些話題的人實在太少。

　　也因此造成一個現象是：新覺醒者傾向於大量分享訊息，而覺醒一段時間並持續提升的人，則傾向於減少分享訊息。

　　除了上面那個原因，還有另一個更重要的原因是：<u>真理並不是一句話，而是能量</u>。

　　例如上述這個關於金錢真相的例子，可能會讓許多人去針對影片中的某一句話，去否定它，說它不正確等等，甚至他們可以舉很多他們所知道、相信的訊息來源的內容來反駁它。

　　也有人會看到影片中的某一句話，例如：「不要把錢存在銀行。」然後照著做，但是並未理解背後真正的原理。

　　但是從這個真相所要帶來的能量來看，其實很單純，只是在表達幻象是「控制」（低頻能量），而真相是「自由意志」（高頻能量）而已。

　　你要怎麼把「能量」分享給其他人呢？

　　這才是關鍵問題所在。


### 尊重他人「接納」與「拒絕」的選擇

　　做為一個「分享者」，最難的就是去做到「只分享給接納禮物的人」。

　　你如何知道誰會「接納」你的分享，而誰會「拒絕」呢？

　　這就是剛覺醒的人容易碰壁的原因：不斷的分享給未接納

你的禮物的人。

有時候，這是關於一個未達成信任關係的問題。

有時候，這是信念系統不合所造成的問題。

有時候，這是對方刻意的選擇所造成的問題。

「未達成信任關係」也就是對方並未完全信任「你是想要幫助他」這一點，這可以透過更多的表達自己的目的來改善。

然而，這條路走下去，你會發現一件有趣的事：我是否時時刻刻在表達真實的自己？

結果到頭來，問題還是落在自己身上，也就是需要先專注在提升自己的內在本質。

確認已達成信任關係，但「信念系統不合」的結果，就是對方無法理解你所要表達的（能量、世界），在我本人的體驗中，有些人甚至反應他們「無法接受」、「感到恐怖」等反效果，那麼這個分享就必須被迫中止。

因此，循序漸進才是好的「分享」方式，而這對一個人的耐心是一項嚴峻的考驗。

那麼，這條路走下去，又會帶來什麼呢？

那就是，你會發現「無為」的重要性。也就是「無所做為才是最好的做法」、「有意栽花花不活，無心插柳柳成蔭」，而你可以把「無為」應用在生活中各方面上。

因此，問題又落在自己身上了，不是嗎？

最後一項「對方刻意的選擇」又如何呢？這代表對方明知道有更好的選擇，但刻意迴避或視而不見。這代表無論你說什麼、提供怎樣的幫助都會被拒絕（也就是已決定拒絕改變）。

若不理解或不能尊重對方刻意的選擇，可能會讓自己情緒

失控，認為對方不應如此等等，那麼反而降低了自己的狀態。

做為一個「分享者」不必如此，不是嗎？因為你只是在「分享」而已。

所以，這問題肯定在自己身上，是吧？

從這段討論你可以看出：要做到「只分享給接納禮物的人」，你其實沒有太多的事可做。

因此，做為一個「分享者」，實際要做的事只有2項：

1. 持續提升自己（精煉你要分享的禮物）

2. 被動的接受請求（不主動介紹你的禮物，有人來問才向他說明）

第1項就是所謂的「做好準備」。

而關於第2項，有些人可以感知到誰想要他的禮物，於是就可以很巧妙的把禮物帶到他面前，而對方就很歡喜的接過去。（可以想像嗎？那是一幅很美的畫面）

你也可以成為一個優雅的「分享者」。


### 不相信自己，就無法領悟真理

這是一個我非常希望和「未來的分享者」分享的真相。

「自由」意味著「不受他人掌控」。

一個將要覺醒的人、一個正在尋找真相的人，會是叛逆者，而不是像綿羊一樣乖巧的人。

做為「分享者」，請不要引導他人遵照你的意思去思考、辦事。

如果你提供一個「正確答案」，會讓人失去自主思考的能

力，因為決定什麼是「正確答案」的這個過程，才是每個人自己的寶藏。

而處在我們的現實世界（母體The Matrix、三維幻象世界）的人們，就是在許多的「控制」下過著每天的生活的。

因此，所謂的真理（真相）也就是「找回自己的力量」，使自己免受「母體」的控制。

而人們常抱持著「某某人是專家、是大師，我們應該相信他的話」的想法。

這樣的想法降低了自己的信心，降低了自己的意識狀態，降低了自己的能力。

這時，如果有人懷著崇拜的心理跟隨「分享者」的你，你是否會引導他提升對他自己的信心？（藉由鼓勵、愛的話語、動作，或只是在心裡傳達祝福的能量）

## 不要成為「幫助者」，而是成為「分享者」

看到這裡，是否會讓你感到困惑？怎麼連「教導」、「幫助」都是負面（低頻）能量了？

「教導」、「幫助」隱含有一種「上對下」、「強對弱」的心態，接收者會感覺出來的。

當他感覺到，如果他認同這一份「幫助」、「被幫助」的關係，那他也就是在降低他的自信心。（因為這樣他才符合一個「被幫助者」的角色）

這和上一段談論的是相似的問題。

因此，「幫助者」就變成要在「不讓對方認出你要幫助他」的情況，去做幫助的動作，那麼就能避免「降低自信心」

的副作用。

於是，真正這樣做的人，你不會看到他以「幫助者」自居，他可能只是在做他本來要做的，然後碰巧幫了你而已。

這樣的人與其稱他為「幫助者」，還不如稱他為「分享者」來的貼切。

當你實際去體驗時，你會發現當你從「幫助者」轉變為「分享者」之後，反而會有人懷著感恩的心來尋求你的幫助，這時你只需要接受他的請求（邀請）而去幫助他即可。

在「分享者」的世界，「幫助」變成是一個非常簡單、非常輕鬆的事，它不帶任何的業力負擔，只有滿滿的喜悅。


### 分享你的一切

也許有人會問：我能不能當一個兼職的「分享者」？也就是說，我能不能有時候去「分享」，有時候去「賺錢」（指為了錢而做事）。

這是一個對自己、對真相仍不了解時會問的問題。

如同〈1-4. 處於量子狀態，才是真正的自由〉所介紹，真相是「水流」（能量流），也就是「整體」（合一）。

如果真相是「水流」，而你在「水流」之中，這意味著「你就是真相」！

如果你就是真相，那麼分享真相就是分享你！（這不是在繞口令）

所以，你會抱著什麼樣的態度去生活呢？（這些都是可以分享的）

當你用全新的態度去看待你的人生，你會隨時隨地在發現

新大陸！

　　你的發現，會一個接著一個，一段時間之後，你甚至會來不及去記錄它們。

　　因此，當你準備好這麼做的時候，請準備好手機（拍照／錄影功能）、隨時可用的筆記本（例如Evernote、LINE等網路雲端工具）。

　　準備好爆米花，開始享受你的全新旅程吧！

　　然後，你可以分享你的一切，你會樂在其中的。

　　祝福你，希望這就是我們的新生活方式。

國家圖書館出版品預行編目資料

靈魂覺醒與生命體驗／龍大著. --初版.--臺中
市：白象文化，2019.9

ISBN 978-986-358-854-2（平裝）
1.靈修
192.1                          108010571

# 靈魂覺醒與生命體驗

作　　者　龍大
校　　對　龍大
專案主編　陳逸儒
出版編印　吳適意、林榮威、林孟侃、陳逸儒、黃麗穎
設計創意　張禮南、何佳諠
經銷推廣　李莉吟、莊博亞、劉育姍、李如玉
經紀企劃　張輝潭、洪怡欣、徐錦淳、黃姿虹
營運管理　林金郎、曾千熏
發 行 人　張輝潭
出版發行　白象文化事業有限公司
　　　　　412台中市大里區科技路1號8樓之2（台中軟體園區）
　　　　　出版專線：（04）2496-5995　　傳真：（04）2496-9901
　　　　　401台中市東區和平街228巷44號（經銷部）
　　　　　購書專線：（04）2220-8589　　傳真：（04）2220-8505
印　　刷　基盛印刷工場
初版一刷　2019年9月
定　　價　280元